생태 종이끈 놀이

류미희 지음

도서출판 피린미음

머리말

종이끈은 옛날 선비들이 책을 만드는 과정에서 책을 다듬을 때 잘린 종이 부스러기들을 모아 끈을 만들어 사용한 데에서 유래했습니다. 옛날 사람들은 종이끈으로 생활 용품을 만들거나 또는 물건을 묶는 데 쓰기도 했다고 합니다.

오늘 날 종이끈은 종이 공예라는 이름으로 바구니나 모빌을 만드는 취미 생활에서 많이 찾아볼 수 있지만, 종이끈은 무엇보다도 부드러운 자연 소재로 어린이들이 무엇이든 자유롭게 만들 수 있는 훌륭한 교육 재료입니다. 필자는 어린이들을 위한 생태교육을 효과적으로 돕기 위한 수단으로 자연물인 종이끈을 선택하였는데, 종이끈 놀이의 장점은 다음과 같습니다.

자연 그대로를 담은 소박한 종이끈 놀이는 인위적이지 않고 수수해 어린이가 거부감 없이 친근하게 접할 수 있으며, 자연 친화적이어서 어린이의 심리적 안정감을 가져오는 동시에 어린이의 정서 발달을 효과적으로 돕습니다. 또한 종이끈을 손으로 이리저리 감아보고 꼬아보는 기초적인 과정을 통해 종이끈과 친숙해지면서 종이끈의 촉감을 통해 몸의 감각을 발달시키고 손 근육을 훈련시키며, 종이끈으로 어떤 형태를 만들어가는 과정을 통해 무한한 상상력을 자극함으로써 어린이의 두뇌를 개발하고 창의성을 발견할 수 있습니다. 특히 어린이들이 좋아하는 곤충과 꽃, 동물들을 비롯해 인형과 공, 바람개비 등의 장난감까지 종이끈을 이용해 직접 손으로 만들어보면서 그 특징과 형태를 인지하고, 자연물과 자연스럽게 친해지면서 우리 주변의 자연에 대해 친밀감을 가지는 생태교육 효과가 있습니다.

종이끈이라는 신선한 소재를 이용한 놀이는 그 영역이 무궁무진하고 기대효과 또한 상당히 클 것으로 예상되어, 앞으로는 종이끈 놀이에 대한 연구와 심층적 접근을 통한 어린이의 창의성 발견과 잠재적 두뇌 개발이 흥미진진하게 펼쳐질 것으로 보입니다.

이 책에서는 종이끈을 이용해서 캥거루, 토끼, 원숭이, 말, 기린부터 우리 어린이들이 주변 사물에서 흔히 볼 수 있는 사마귀, 개미, 나비, 매미, 장수풍뎅이, 그리고 바다 속 동물인 문어, 불가사리, 돌고래, 게, 새우 등을 손으로 직접 만들어가면서 동물이나 곤충의 특징을 익힐 수 있습니다. 그리고 직접 만든 동물들을 가지고 역할놀이, 꾸며보기를 해 봄으로써 동물에 대한 관심과 환경에 대한 이해를 도울 수 있습니다.

이 책은 총 네 개의 영역으로 나뉘어져 있습니다.

종이끈 놀이의 기초 영역에서는 종이끈의 촉감을 익히고 이리저리 다루어 봄으로써 종이끈을 사용하는 기초적인 방법을 익히도록 합니다.

종이끈 놀이의 응용 영역에서는 종이끈 놀이의 기초를 바탕으로 식물과 동물, 사물들을 직접 만들어보면서 각각의 형태와 특성을 이해합니다. 응용 영역은 다시 곤충의 세상, 식물의 세상, 바다 속 세상, 땅 위의 세상, 여러 가지 사물 만들기로 구분되어지는데 우리 주변에서 쉽게 볼 수 있는 거미의 다리는 몇 개인지, 바다에서 사는 새우의 몸은 어떻게 이루어져 있는지, 나무 위 다람쥐는 무엇을 먹고 사는지 어린이들이 궁금해 할 때 단순히 사진을 보고 설명글을 읽어 봄으로써 암기하는 것이 아니라, 직접 종이끈으로 만들어보면서 온 몸으로 익히고 자연과 친해질 수 있도록 하는 데 초점을 두고 있습니다.

종이끈 자연 염색하기 영역에서는 공장에서 화학 물감으로 만들어진 인위적인 색깔이 아니라 검은 콩, 치자, 포도, 시금치 같은 자연물에서 얻어지는 천연 그대로의 아름다운 색깔을 느끼고 감상하며, 이를 활용해 여러 가지 사물이 가지고 있는 고유의 아름다운 색을 표현하도록 합니다.

종이끈 놀이의 구성 영역에서는 종이끈으로 만든 다양한 사물과 자연물로 봄, 여름, 가을, 겨울의 자연 환경을 구성해 보도록 합니다. 제철의 식물과 곤충, 동물에 대해 이해하고 우리나라의 아름답고 뚜렷한 사계절을 감상하도록 합니다.

이 책을 통하여 우리 어린이들이 주변에서 흔히 볼 수 있는 동물과 식물, 곤충과 사물들을 직접 만들어 봄으로써 이들에 대한 친숙함을 느끼고, 교사들에게는 어린이들에게 자연물을 이용하여 자연을 이해하는 데 효과적으로 사용할 수 있도록 하는 좋은 자료가 되기를 바랍니다. 더불어 유아교육과 생태교육, 초등학교 창의성 교육에 관심 있으신 분, 또는 종이끈에 관심이 있는 일반인들에게 도움이 되길 바랍니다.

아울러 이 부족한 책을 세상에 내놓기까지 많은 도움을 주신 분들이 있습니다.

오늘 여기까지 올 수 있었던 것은 경북대학교 교육학 지도교수이신 이명자 교수님의 가르침과 보살핌의 덕택이었습니다. 대구산업정보대학 유아교육학과 김정화 교수님은 필자로 하여금 대구 유아 생태 공동체에서 유아들의 생태 활동을 도우며 공부를 계속 할 수 있도록 기회를 주셨습니다. 항상 부족한 사람에게 과분한 기대와 격려로 독려를 아낌없이 해주셔서 큰 힘이 되었습니다. 대구과학대학 유아교육학과 김태선 교수님은 항상 많은 관심과 지도를 아끼지 않으셨습니다. 베풀어 주신 사랑에 깊이 감사드립니다.

그리고 늘 바쁜 필자를 많이 이해해주고 언제나 아낌없는 사랑으로 든든한 지원을 해주는 남편과 아들 하정환, 딸 하다정에게 사랑의 마음을 전합니다. 마지막으로 이 책이 나올 때까지 원고 정리에 도움을 준 양세나에게 감사의 마음을 전합니다.

2008년 3월

류미희

차 례

Chapter 1

종이끈 소개

1. 종이끈이란

종이끈은 종이노끈, 혹은 지노라고도 불리며 영어로는 paper string, 한자로는 '종이 지(紙)', '줄 승(繩)' 자를 써서 지승(紙繩)이라고 합니다. '종이[紙]를 꼬다[繩]' 라는 뜻이지요. 그 명칭은 조선시대 선조(1598년) 때 ≪선조실록≫에서 최초로 사용되었으며 종이를 좁다랗고 길게 잘라 엄지와 검지로 비벼 꼬아 만든 노끈을 뜻합니다.

옛날에는 닥나무로 만든 종이를 일일이 가느다랗게 찢거나 고서의 글자 한 행을 가로로 잘게 잘라 손끝으로 정성껏 비벼 꼬아 만들었지만, 오늘날에는 화학 펄프의 일종으로 목재나 식물성 원료를 수산화나트륨과 황산나트륨으로 고해(beating)한 크라프트 펄프(kraft pulp)를 주원료로 하여 기계로 일정한 길이로 재단한 뒤 회전시켜 대량 생산하고 있습니다.

1) 종이끈의 유래

예로부터 우리 민족은 일상생활에서 종이를 많이 사용해 왔습니다. 책과 문서, 지폐는 물론이고 벽지와 창호지, 장판지와 가구, 옷, 신발, 모자까지 다양한 분야에서 종이가 널리 쓰였지요. 그 당시에는 종이가 매우 귀했기 때문에 버리는 종이들도 알뜰히 모아 재활용해서 작은 함이나 상, 담뱃갑 같은 생활소품 등을 만들었다고 합니다. 특히 인기가 많은 것은 헌 책이었는데, 책에서 나온 종이들은 매우 질기고 오래가기 때문이었습니다. 글을 아는 소수 특권 계층이 궁중이나 관가에서 주로 문서를 기록하거나 글을 읽는 데 쓴 책들은 일반 사람들은 쉽게 구할 수 없었기에, 서로 앞다투어 헌 책들을 가지려 함은 물론 새 책까지 훔쳐가는 일도 빈번하게 있었다고 합니다.

이 헌 책에서 나온 종이들로 생활용품을 만들 때는 종이를 물에 풀어서 종이죽을 만들거나 종이를 잘게 찢은 다음 길게 꼬아서 끈으로 만들었는데, 종이를 길고 가늘게 찢어 여러 겹 겹쳐서 꼰 것이 종이끈입니다. 종이를 꼬면 더욱더 질겨져 잘 끊어지지 않아 튼튼한 도구를 만들기에 적합했기 때문이지요.

종이끈을 이용해 돗자리나 생활소품들을 만드는 것은 장인들의 전문적인 직업일 뿐만 아니라 선비들의 소일거리였습니다. 종이끈을 꼬아 방석이나 돗자리, 지갑, 바구니, 함, 그릇, 쟁반 등의 생활용품을 만들거나 서류상자, 벼루집, 필통 같은 문방구, 심지어는 제사용품이나 군사용품까지 만드는 등 그 쓰임새가 무궁무진하고 다양했습니다.

종이끈을 꼬고 엮는 방법 또한 다양했는데, 3~5가지 무늬를 엮는 방법에 따라 모양이 달라지기도 하였고 색지나 검은 물을 들인 종이를 함께 엮어 여러 가지 아름다운 색을 표현하기도 하였지요. 종이끈으로 무엇을 만든 뒤 마무리를 할 때는 기름을 먹이거나 옻칠을 해서 방수성, 방충성, 내구성을 가미했습니다.

2) 종이끈의 매력

종이끈은 닥나무, 마, 뽕나무, 벼, 갈대 같은 자연물을 원료로 하여 만들어졌습니다. 닥나무는 베어도 다음 해에 또 다시 나무가 자랐기 때문에 숲을 황폐화시킬 걱정이 없었습니다. 또한 종이끈은 헌 책이나 쓰다 버린 종이 부스러기들을 모아 재활용해 만들었기 때문에 자연 친화적이고, 가벼우면서 질기고 튼튼해 실용적입니다. 그러나 무엇보다도 누구나 쉽게 만들고 활용할 수 있다는 것이 종이끈의 가장 큰 매력이지요.

Chapter 2

종이끈 놀이와 생태교육

이 책의 목적은 누구나 쉽게 종이끈을 사용할 수 있도록 종이끈과 그 활용방법을 소개하는 것과 함께 종이끈 놀이를 통해 자연스럽게 생태교육이 이루어지도록 하는 데 있습니다. 자연 친화적이고 재활용 가능한 종이끈은 생태교육의 훌륭한 교육 재료입니다.

1. 생태교육이란

생태교육(生態敎育, eco-education)은 자연 환경 속에서 생물이 조화롭게 살아가고 있는 상태를 뜻하는 '생태(生態, ecology)' 와 지식과 기술을 전달하는 과정에서 인격을 함양시키는 '교육(敎育, education)' 이 합쳐진 말로, 자연과 인간을 조화로운 하나의 통일체로 보는 자연 친화적인 교육을 말합니다. 다시 말해 자연의 본성을 지닌 아이와 자연이 신체적 · 정신적으로 교류하고 교감함으로써 자연과 인간이 조화롭게 어울려 살아가는 지혜를 터득하고 실천하는 교육이라 할 수 있습니다.

1) 생태교육의 필요성

지금부터 20~30년 전만 하더라도 아이들은 놀이를 할 때 시간적 제한이나 공간적 제한이 없었습니다. 그리고 딱히 장난감이라고 정해진 게 없었지요. 이 시대의 아이들은 상상력을 발휘해서 무엇이든 장난감으로 만들어 놀 수 있었습니다. 이 장난감들은 지천에 널려 있었고 공짜였습니다. 마당에서 나뭇조각을 간단히 잘라서 자치기를 하거나, 돌을 주워 비석치기를 하거나, 들꽃을 꺾어 목걸이를 하고, 조개껍질로 소꿉놀이를 하였으며, 들판을 쏘다니면서 애벌레, 개미, 메뚜기, 사마귀들과 놀이친구가 되었고 냇가의 다슬기, 가재, 게, 송사리, 바닷가의 불가사리, 소라, 고둥과 재미나게 놀 수 있었지요. 놀이를 하면서 부족한 것은 그때마다 해결하는 창의력도 있었습니다.

하지만 요즈음 아이들은 주변에 장난감을 쌓아두고도 "선생님, 심심해요. 뭐하고 놀아요?" 라고 말을 합니다. 아이들은 너무 쉽게 장난감을 얻을 수 있습니다. 이미 만들어진 장난감에 익숙해졌고 쉽게 싫증을 내게 되어 자꾸 새로운 장난감을 요구하게 되지요. 산업 문명이 급속하게 발달하면서 우리 생활의 질 또한 눈에 띄게 나아졌고, 이러한 성장 과정 속에서 아이들의 놀이 환경도 많이 변했습니다. 우리의 소중한 자연 생태계가 많이 파괴되었고 그 영향은 오늘날 우리 아이들의 놀이에 이어졌습니다. 지금 아이들은 이웃과 숲과 흙과 맑은 공기를 잃음으로써 자연의 놀이도 잃었습니다. 아이들은 노는 자유가 제한되었고 제한된 시간과 공간 속에 갇혀 답답하게 살아가고 있습니다. 이 아이들을 위해 생태교육이 절실히 필요합니다. 아이들은 자연입니다. 산업 문명의 최대 피해자인 우리 아이들이 병든 몸과 마음과 영혼을 살리고 자연을 아끼고 사랑할 줄 아는 아이가 되어 자연과 더불어 살아갈 수 있도록 하기 위해 생태교육이 이루어져야 합니다.

2) 자연과 어울릴 줄 아는 아이

생태교육의 목적은 신명나는 아이를 길러냄으로써 자연과 조화를 이루고 살아가도록 돕는 데에 있습니다. 아이들은 장난감이 없는 공간에서 어른들이 미리 장난감을 준비해주지 않는다면 잠시 동안은 머뭇거리지만 곧 스스로 놀이를 시작하고 여기서 다양한 형태의 놀이 동작들을 하며 놀이를 찾아갑니다. 아이들은 자연 속에서 자연물과 노는 방법을 본능적으로 찾고 건강한 몸을 기초로 활발한 신체활동을 하면서 주변 환경을 탐색하기 시작하여 자연에서 놀이를 찾고 지식을 배워 나갑니다. 무엇보다도 중요한 것은 아이들은 자연 속에서 놀기만 하는 것이 아니라, 폭 넓은 생각을 가지고 성숙한 마음을 키워 나간다는 것입니다. 잘 자라는 아이는 건강한 신체 속에 들어 있는 에너지를 밖으로 표출하기 위해 동네 친구들과 모여 논과 들, 산을 누비고 다니며 다양한 장난감을 찾아서 만들어 냅니다. 장난감을 발견하는 데는 잠시의 망설임도 없이 즉흥적이고 창의적으로 이루어지며, 여러 아이들이 모여 놀이관계를 형성할 때에는 놀이방법과 참여에 대한 규칙을 스스로 정하고 서로 양보하고 보살펴 주며 놀이가 잘 진행되도록 자발적으로 동참합니다. 아이는 이러한 놀이를 통해서 자연스럽게 사회에서 필요한 삶의 방법과 인간관계를 터득해 나가게 됩니다.

또한 아이들은 놀이 과정에서 항상 생물이든 사물이든 무언가에 관심을 가지게 되는데 대체적으로 생물에 더 많은 관심을 가지게 됩니다. 따라서 아이들은 자연 속에서 자연물을 활용해서 더 많은 놀이를 만들어 내고 이끌어갑니다. 놀이를 하는 가운데 흙을 밟고 식물의 냄새를 맡아보고 생명체들이 살아가는 모습을 보고 숲 속의 소리를 듣고 나뭇잎을 만지고 다양한 느낌을 가지면서 자연의 아름다움을 알고 자란 아이는 생명의 소중함을 알게 될 뿐만 아니라 자연을 가꾸면서 더불어 사는 관계를 이해하게 됩니다. 이러한 환경을 자연스럽게 접할 수 있게 보살펴주어서 아이가 아이답게 자랄 수 있게 하는 것이 생태교육의 목적입니다.

3) 종이끈 놀이를 활용한 생태교육

종이끈은 딱딱한 느낌과 부드러운 느낌을 동시에 느낄 수 있는 매력적인 교육재료입니다. 활용방법 또한 손과 눈과 힘의 조절이 적당히 조화를 이루어야 하기에 신체의 모든 감각을 자연스럽게 자극하고 일깨워 줍니다. 정해진 틀이 없어 개미를 만드는 과정에서 사마귀나 매미로 얼마든지 변형이 가능하며, 한 번씩 사용할 수밖에 없는 찰흙 같은 기성 재료들과 달리 감은 종이끈을 다시 풀어 얼마든지 재활용할 수 있지요. 깨지거나 찌그러질 염려도 없이 언제나 모양새를 잡아주기 쉬우며, 가볍고 튼튼하며 부드러워 다루기도 편안합니다. 무엇보다 꼭 정해진 주제에 억지로 접근하지 않아도 중간에 창의성을 발휘한다면 자신만의 독특한 방법으로 곤충이나 동물, 사물을 만들 수 있지요. 이것이 종이끈의 장점입니다. 이 같은 장점을 가진 종이끈을 잘 활용하면 효과적인 생태교육이 이루어질 수 있습니다. 개미를 만들어 보면 자연스럽게 개미의 특징들을 이해하고 관심을 가지게 됩니다. 자연을 경험하는 방법으로 자연을 찾아가 체험해 보는 직접적인 방법과 백과사전이나 자연도감, 다큐멘터리 같은 자료들을 활용해 보는 간접적인 방법이 있지만 무엇보다도 종이끈으로 직접 만들기를 해 본다면 곤충, 식물, 동물들의 특징을 이해할 수 있고 기억하기도 쉽습니다.

생태교육의 중요성을 느낀 사례

아이들을 데리고 어린이 대공원에 견학을 갔다. 아이들이 어떻게 놀 줄을 몰라 교사들에게 "선생님, 우리도 놀이터로 놀러가요."라고 떼를 쓰며 중학생들이 있는 곳에서 놀고 싶어 했다. 그러나 중학생 속에서 유치원 아이들이 놀기에는 약간 위험했다. 그래서 교사들은 중학생 아이들이 가기를 기다리며 "애들아, 잠시만 기다리며 금방 갈 거야. 그럼 우리 놀이터로 가서 놀자." 이렇게 이야기를 하면서 시간이 흘러갔고 어느새 아이들은 스스로 자기 몸을 가지고 놀기 시작했다.

어떤 아이는 무작정 왔다갔다 뛰어다니고, 어떤 아이는 일부러 자기 몸을 톡 쓰러뜨리며 잔디 바닥에 뒹굴었으며, 이런 아이들 뒤에는 어느새 뛰는 아이를 따라 달리기를 시작하는 아이, 또 그 뒤를 따라 달리는 아이가 생겨났고, 구르는 아이 주변에도 아이들이 뒤따라 구르기 시작했다. 이렇게 아이들은 자기 몸으로 서로 부딪히며 노는 방법을 터득해 가기 시작했고 오히려 선생님들이 "얘들아, 그만 뛰어라, 달리다가 넘어지면 다친다~!"라고 걱정할 정도로 아이들은 교사를 잊고 자기들끼리 놀기 시작했다.

이렇게 한참 놀던 아이들 중에 어떤 아이 한 명이 슬그머니 모래밭이 있는 쪽으로 가더니 무언가를 손에 꼭 쥐고 나에게 와 손을 살며시 펴더니, "선생님, 개미예요. 개미~, 어어 도망간다! 선생님 개미가 굉장히 커요."라고 말했다. 그러자 그 아이 주변으로 또 다른 아이들이 모여들기 시작했다. "어, 나도 개미 잘 잡는데. 나도 잡아야지!", 한 녀석이 뛰어가자, 거기에 질세라 또 다른 녀석들이 "나도 잡으러 가야지!" 하고는 우르르 뛰어갔다. 잠시 후 교사에게 아이들이 하나 둘씩 돌아왔고, 아이들이 손을 펴 보일 때마다 잔모래와 함께 한 움큼의 개미가 손바닥에서 꼬물꼬물거리고 있었다.

"선생님, 어떡해요? 개미가 도망가려고 해요. 개미를 어디 담았으면 좋겠어요." 그리고 아이들은 종이컵에 주스를 조금 따른 후 살며시 개미를 담았다. 어느새 종이컵에는 개미가 바글바글했고 아이들의 이마에는 땀이 송글송글 맺혔다. 이때 어느 아이가 길이가 10cm 정도 되는 굵은 연두색의 애벌레를 집어 들고는 "선생님! 이것 보세요!" 하고 말을 건넸고, 아이는 "이거 애벌레예요. 나무에 한번 붙여 볼까요?" 하고 말했다.

그러자 그 옆에 있던 아이가 "아니야, 애벌레는 땅에 묻어야 되는 거야!" 또 다른 아이는 "땅에 묻기 전에 애벌레 다리가 몇 개인지 세어보자!" 이렇게 아이들이 옥신각신하는 동안 아이들의 손에 시달린 애벌레는 어느새 축 처져 있었다. 시간이 흘러 집에 돌아가려고 할 때쯤 어느 아이가 "선생님, 종이컵 주세요! 애벌레 담아 갈래요." 하고 말했고 그러자 또 다른 아이가 "이 애벌레를 데려가면 애벌레의 엄마 아빠가 슬퍼할 거야. 땅에 놓아 주고 가야지."라고 했다. "그래, 그럴 것 같네. 애벌레도 엄마 아빠가 있을 텐데.", "그럼, 너도 생각해봐. 어떤 낯선 사람이 널 잡아가면 네 기분은 어떻겠니? 엄마 아빠도 슬퍼할 거야.", "그래, 맞아!", 이에 동감한 아이들은 축 처진 애벌레를 모래밭에 놓아 주었다. 교사는 아이들의 대화를 들으며 흐뭇했다. 아이들의 성숙한 생각과 마음 씀씀이에 정말 감동을 받았다. '이러한 마음은 자연스럽게 자연 속에서 스스로 배우게 되는 거구나' 라고 생각하게 되었다.

아이들은 자연을 단순한 놀이 대상으로만 생각하지 않는다. 자연을 인간의 전유물로 삼아 오로지 자원 창출을 목적으로 자연을 다루는 어른과 달리 아이들은 자연을 자신과 동등한 인격체로 대하고 소중히 다루며 함께 살아가는 법을 터득한다. 이것이 바로 아이들이 자연과 스스럼없이 어울리는 이유이며, 생태교육이 중요한 이유이다.

Chapter 3

종이끈과 친해지기

1 촉감 익히기

종이끈을 만져보면 어떤 느낌이 드니?

종이끈을 이리저리 만져보면서 종이끈의 성질과 감각을 익히고 종이끈과 친해지도록 합니다.

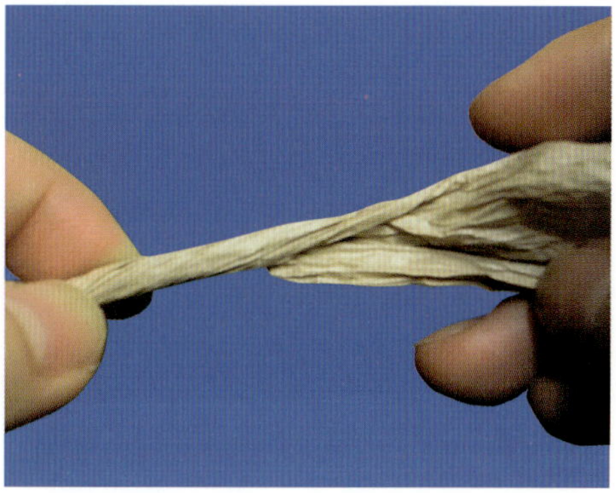

2 풀어보기

종이끈을 풀어보면 어떻게 될까?

감겨 있는 종이끈을 풀어 펼쳐보도록 합니다.

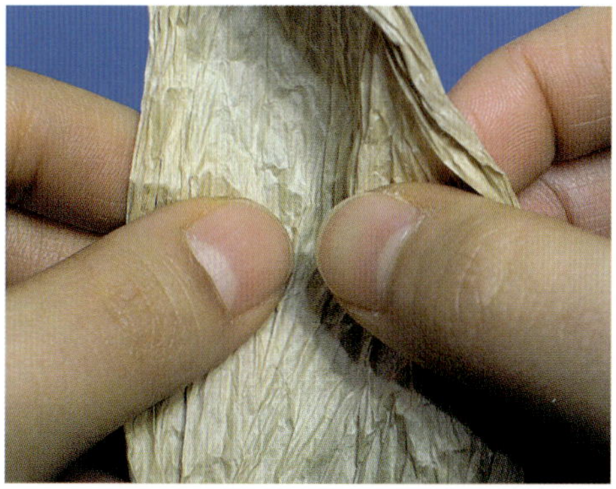

3 비벼보기

종이끈을 펼쳐 비벼보도록 할까?

펼친 종이끈을 슥슥 비벼보도록 합니다.

4 감아보기

종이끈을 친친 감아보도록 할까?

한 종이끈을 다른 종이끈 위에 친친 감아보도록 합니다.

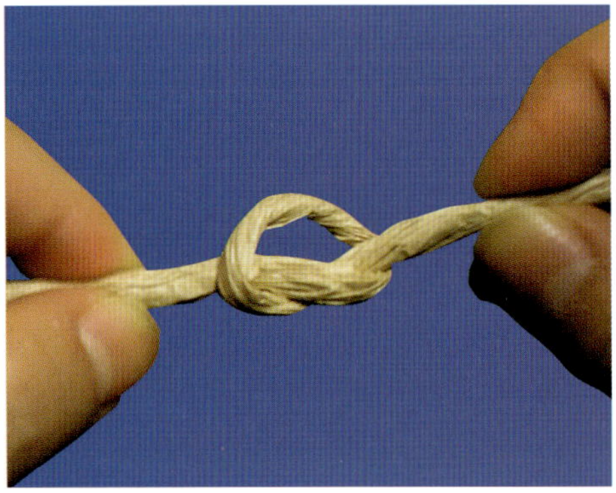

5 묶어보기

종이끈을 묶어보도록 할까?

종이끈의 매듭을 지어 묶어보도록 합니다.

6 꼬아보기

종이끈을 비비 꼬아보도록 할까?

종이끈 두 개를 꽈배기 모양으로 꼬아보도록 합니다.

7 땋아보기

종이끈을 예쁘게 땋아보도록 할까?

종이끈 세 개를 차례차례 땋아보도록 합니다.

8 고리 만들기

종이끈으로 고리를 만들어 엮어보도록 할까?

종이끈으로 고리를 만들어 연결해 보도록 합니다.

Chapter 4

종이끈 놀이의 응용

1. 곤충의 세상

- 애벌레
- 잠자리
- 나비
- 사마귀
- 개미
- 매미
- 장수풍뎅이
- 거미
- 모기

활동 1

꼬물꼬물 애벌레

곤충이 알에서 부화한 후, 성충이 되기 전까지 단계를 애벌레 혹은 유충이라 합니다. 곤충은 알을 깨뜨리고 나와 먹이를 찾아 먹으면서 껍질을 벗고 성장하는데 완전변태를 하는 것은 번데기가 되기 전까지를, 불완전변태를 하는 것은 성충이 되기 전까지를 애벌레라고 하지요.

애벌레는 식물의 잎이나 나무의 썩은 부위, 작은 벌레 등을 먹으면서 미생물의 단백질들을 흡수해 무럭무럭 자라납니다.

꼬물꼬물 기어가는 애벌레의 재미있는 모양을 잘 살려 종이끈으로 만들어볼까요?

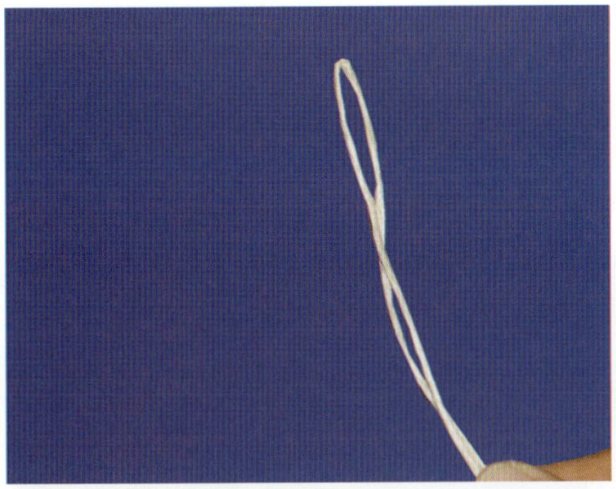

1 종이끈을 일정한 길이로 겹칩니다.

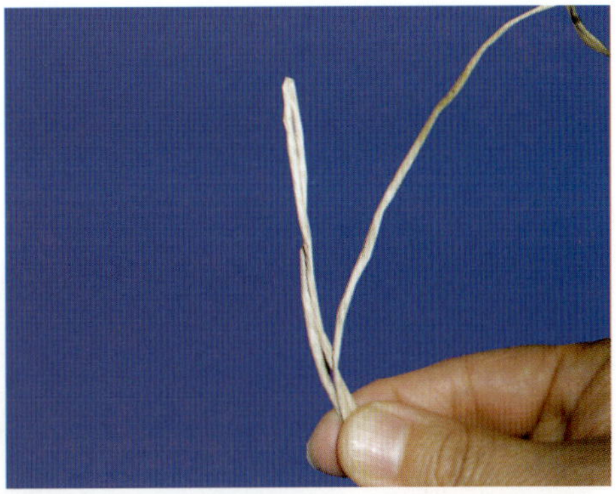

2 아래 끈을 위로 올려주세요.

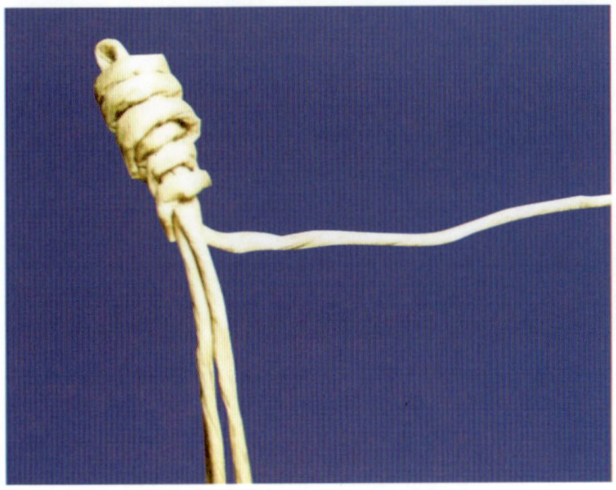

3 머리 부분을 두껍게 감아주세요.

4 나머지 몸통 부분도 친친 감아 주세요.

5 애벌레 완성입니다.

활동 2

팔랑팔랑 잠자리

잠자리목의 곤충이에요.

몸 크기는 2~15cm이며 몸통은 막대 모양으로 작고 기다란데 특히 배가 10마디로 뚜렷하지요.

날개는 2쌍으로 그물모양인데 날지 않고 쉴 때도 날개를 접을 수 없지요.

낮에는 부지런히 날면서 작은 곤충을 잡아먹는 육식성입니다.

애벌레가 물에서 살기 때문에 물가에서 주로 생활하지요.

전 세계에 5,000종이 살고 있습니다.

긴 날개와 큰 눈을 가진 잠자리의 특징을 잘 살려 종이끈으로 만들어볼까요?

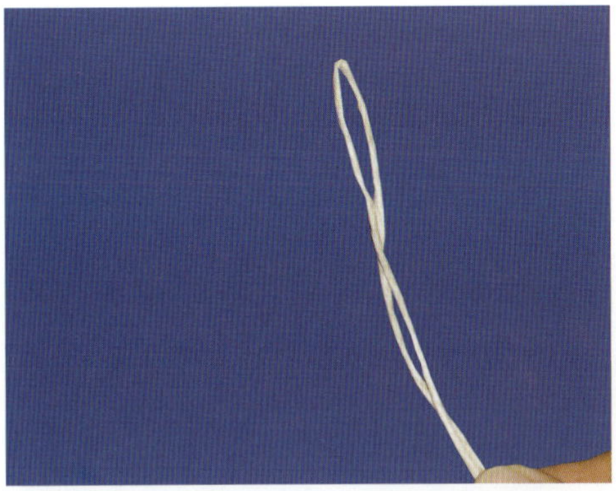

1 종이끈을 일정한 길이로 겹칩니다.

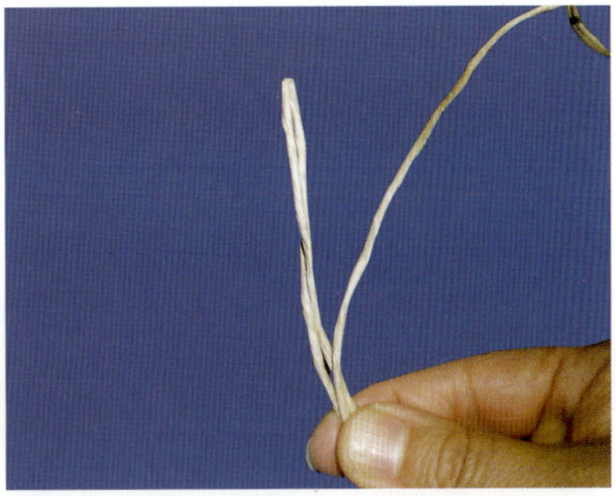

2 세 겹으로 계속 겹쳐주세요.

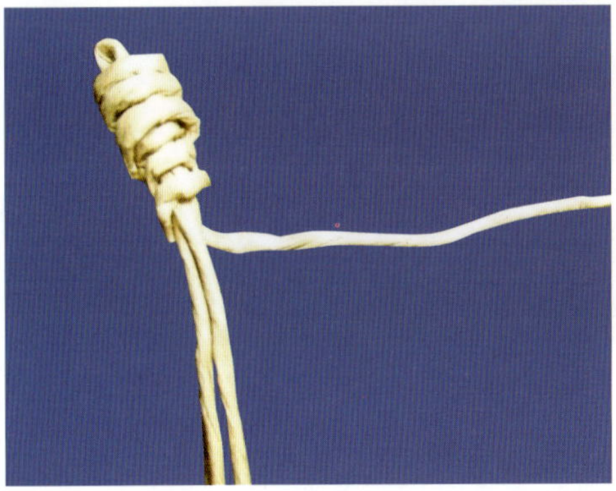

3 머리 부분을 두껍게 친친 감아주세요.

4 나머지 몸통 부분도 친친 감아주세요.

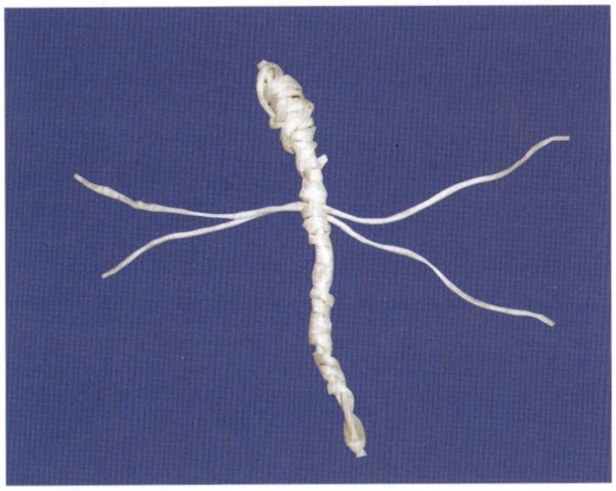

5 완성된 몸통의 날개부분에 두 개의 끈을 넣어 고정시켜주세요.

6 끈을 펼쳐서 끝을 둥글게 자르면 예쁜 날개를 가진 잠자리가 됩니다.

활동 3

나풀나풀 나비

나비목의 곤충이에요.
몸 크기는 13mm~25cm로 다양하며 몸통이 가늘고 빛깔이 매우 아름답습니다.
머리에 한 쌍의 더듬이가 있고 가슴에 큰 잎 모양의 두 쌍의 날개가 있어요.
긴 대롱처럼 생긴 입으로 꽃의 꿀을 빨아먹습니다.
전 세계에 약 20,000종이 살고 있습니다.

아름다운 날개로 나풀나풀 나는 나비의 특징을 잘 살려 종이끈으로 만들어볼까요?

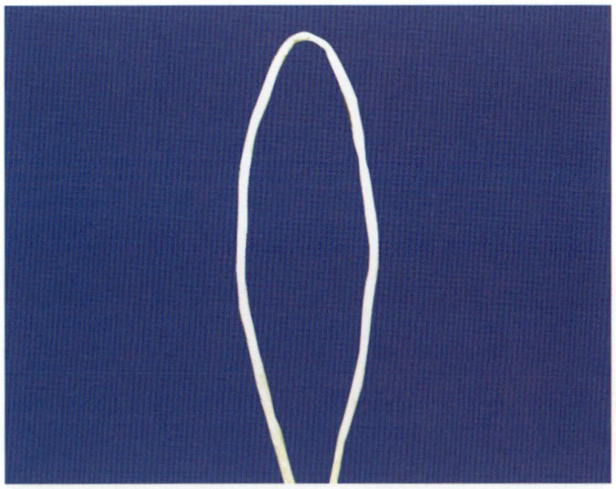

1 종이끈을 일정한 길이로 겹칩니다.

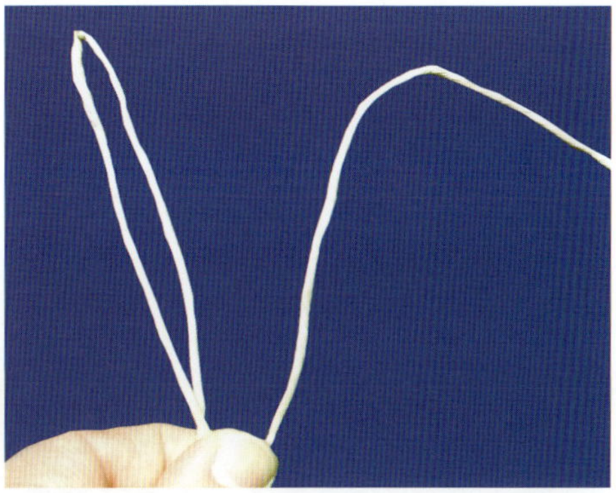

2 아래 끈을 위로 올려주세요.

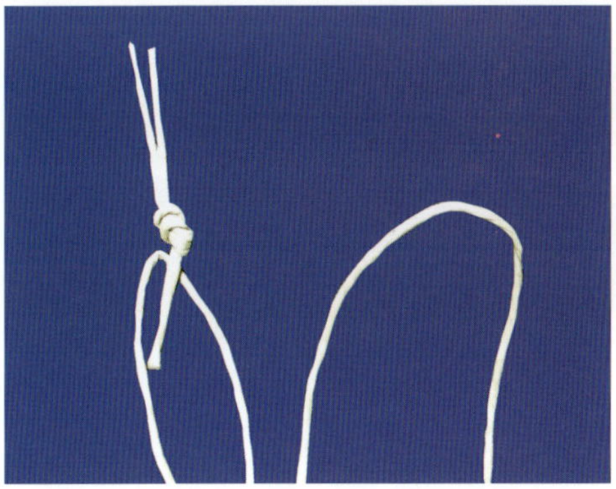

3 더듬이가 있는 머리와 겹쳐주세요.

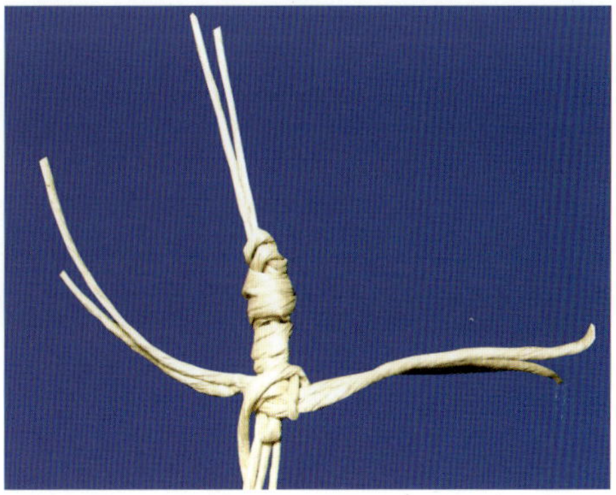

4 몸통과 두 날개를 만들어주세요.

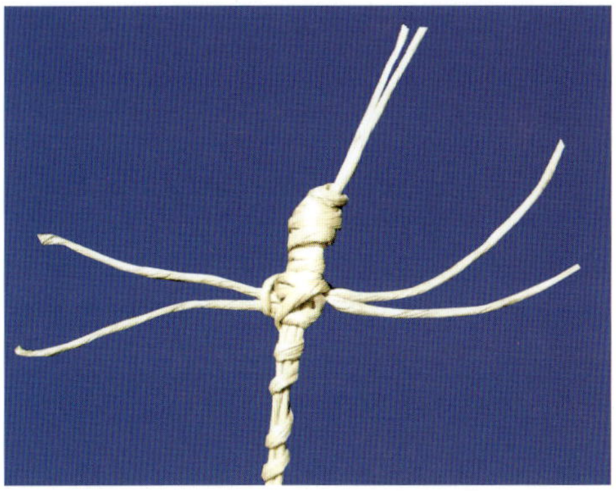

5 친친 감아주세요.

6 날개를 펼쳐서 둥글게 자르면 예쁜 날개를 가진 나비가 됩니다.

활동 4

씩씩한 사마귀

사마귀과의 곤충이에요.

몸 크기는 60~85mm이며 몸 색깔은 대부분 녹색과 갈색인데 주변 환경에 따라 몸 빛깔이 변하지요.

앞가슴이 매우 크게 발달하였고 앞다리는 낫처럼 구부러졌는데 가시가 달려 먹이를 잡기에 편리하지요.

가을에 볼 수 있으며 주로 낮에 풀숲에서 활동하는데 커다란 앞다리로 작은 곤충이나 개구리, 도마뱀 등을 잡아먹어요.

한국, 일본, 중국, 인도차이나에 살고 있어요.

씩씩한 사마귀의 긴 앞가슴과 커다란 앞다리의 특징을 살려 종이끈으로 만들어볼까요?

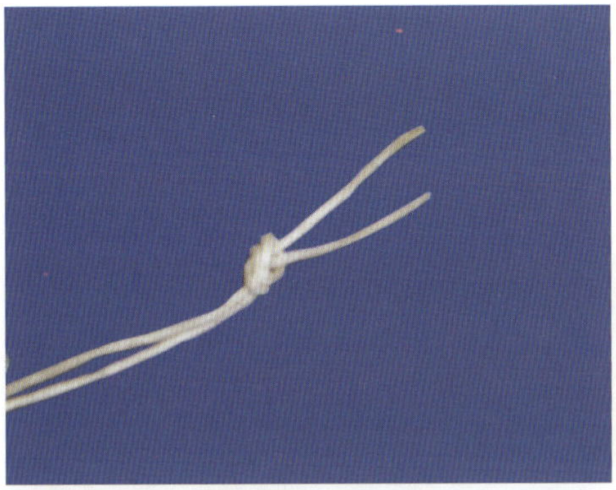

1 두 개의 종이끈을 매듭지어 머리를 만듭니다.

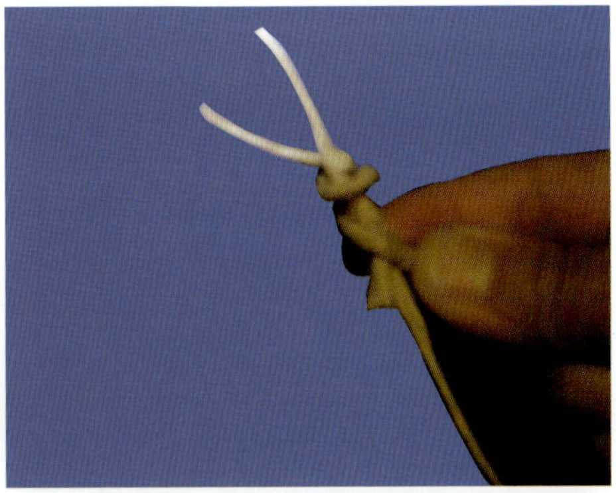

2 한 개의 종이끈으로 다른 한 종이끈을 친친 감아주세요.

3 사마귀의 세모꼴 머리 부분을 만들어 사마귀의 특징을 강조해주세요.

4 여러 겹의 종이끈을 겹쳐 몸통과 다리를 만들어주세요.

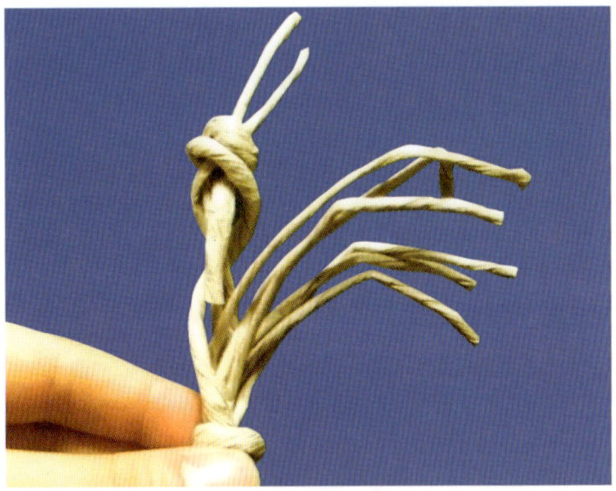

5 몸통에 다리를 겹친 후 친친 감아 고정해주세요.

6 사마귀의 다리들을 구부려 모양을 살려주면 완성입니다.

활동 5

부지런한 개미

벌목 개미과의 곤충이에요.

몸 크기는 계급이나 개체에 따라 차이가 나는데 1~25mm로 다양합니다.

몸은 머리, 가슴, 배로 뚜렷이 구분되는데 허리가 가늘지요.

개미의 계급은 여왕개미, 수개미, 일개미 세 종류가 있어요.

여왕개미와 수개미는 날개가 있지만 일개미는 없답니다.

땅 속이나 썩은 나무 속에 집을 짓고 사회생활을 합니다.

식성도 다양해서 곤충이나 거미, 식물의 종자 등을 모아 먹고 살지요.

전 세계에 5,000~10,000종이 분포하고 있습니다.

부지런한 개미의 특징을 잘 살려 종이끈으로 만들어볼까요?

1 두 개의 종이끈을 겹친 후 친친 감아 개미의 머리와 더듬이를 만듭니다.

2 목 부분까지 튼튼하게 감아주세요.

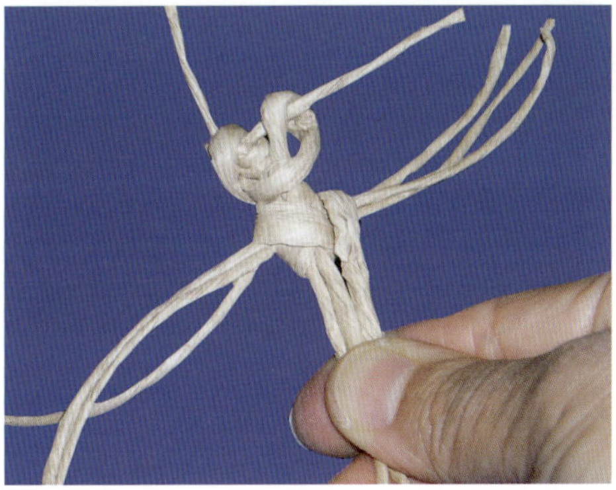

3 세 개의 다리를 몸통에 끼워 넣습니다.

4 다리와 가슴 부분을 감아 고정시킨 후 통통한 엉덩이를 만들어주세요.

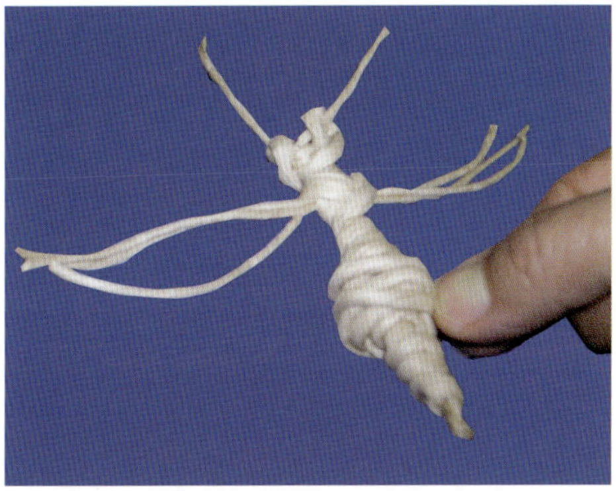

5 더듬이와 다리 길이를 조정해주세요.

6 더듬이와 다리를 구부려 모양을 만들어주면 완성입니다.

활동 6

목청 좋은 매미

매미과의 곤충이에요.

몸 길이는 1.2~8cm입니다.

머리가 크고 겹눈은 돌출되어 있으며 세 개의 홑눈은 정수리에 붙어 있습니다.

입은 대롱형이며 투명한 두 쌍의 날개를 가지고 있는데, 수컷은 발음기와 공명기가 있어 맴맴 소리를 내며 운답니다.

오랜 기간의 애벌레 단계를 거쳐야 비로소 다 자란 매미가 되어 나무즙을 빨아먹고 산답니다.

목청 좋은 매미의 특징을 잘 살려 종이끈으로 만들어볼까요?

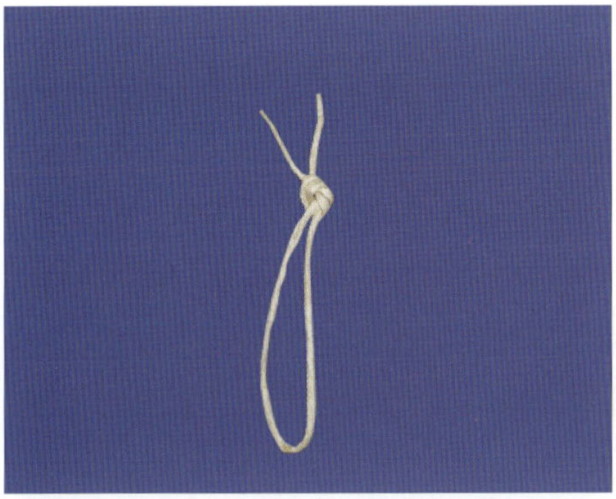

1 종이끈의 매듭을 지어주세요.

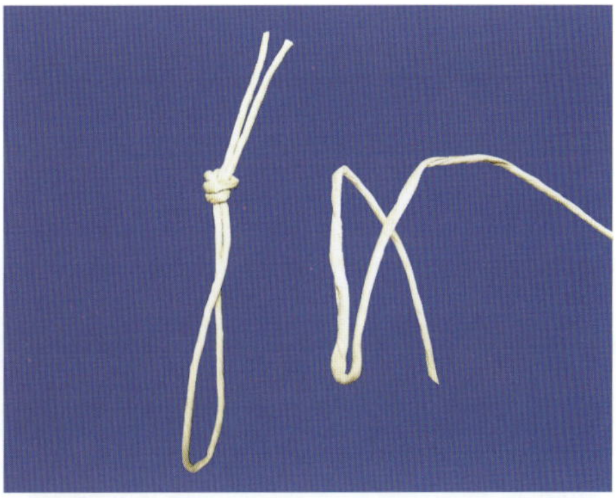

2 별도의 긴 끈으로 1에 몸통을 만들어 감아주세요.

3 커다란 머리를 만들어주세요.

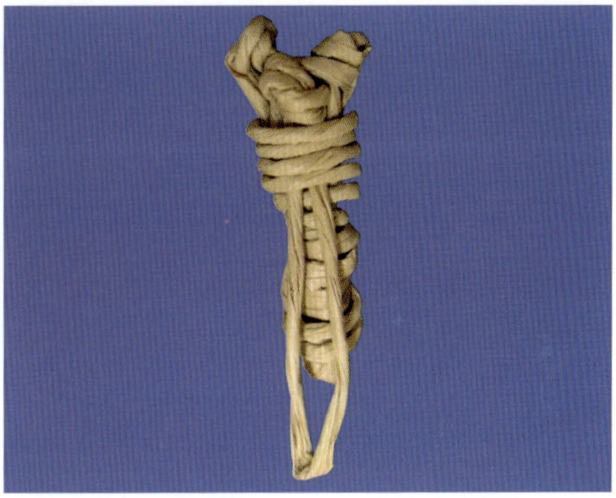

4 몸통을 다감은 후 배 쪽에서 고정시켜주세요.

5 날개를 둘로 나누어 주세요.

6 날개를 펴주면 완성입니다.

활동 7

멋진 뿔 장수풍뎅이

딱정벌레목 장수풍뎅이과의 곤충이에요.

몸 길이는 30~90mm이며 타원형의 몸과 광택 있는 검은 갈색의 몸 색깔을 가지고 있습니다.

수컷의 머리에는 3cm의 뿔 모양의 돌기가 있는데 끝이 둘로 갈라진 것이 특징입니다.

참나무 숲에서 살면서 참나무 수액을 빨아 먹고 살아요.

한국 · 일본 · 중국 · 인도 등지에 살고 있습니다.

멋진 뿔을 가진 장수풍뎅이의 특징을 잘 살려 종이끈으로 만들어볼까요?

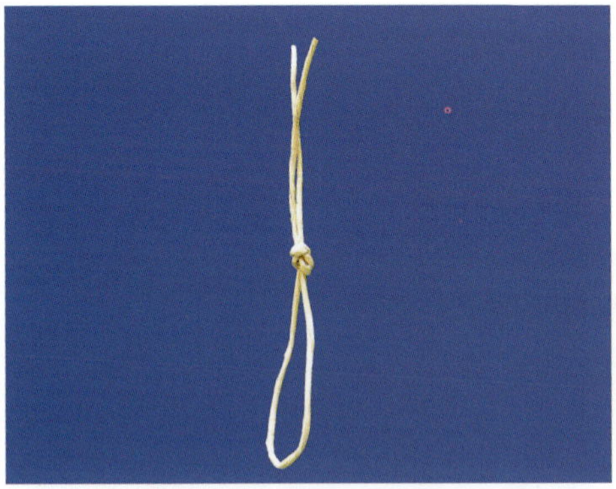

1 종이끈을 매듭지어 큰뿔을 만들어 주세요.

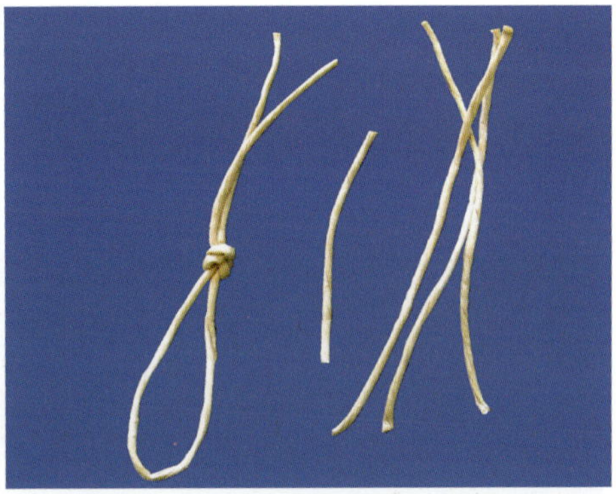

2 작은 뿔 한 개와 다리끈 세 개를 준비해주세요.

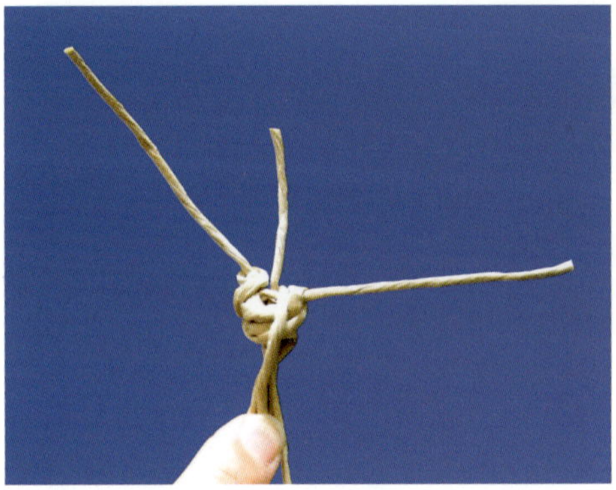

3 작은 뿔을 머리 부분에 고정시켜주세요.

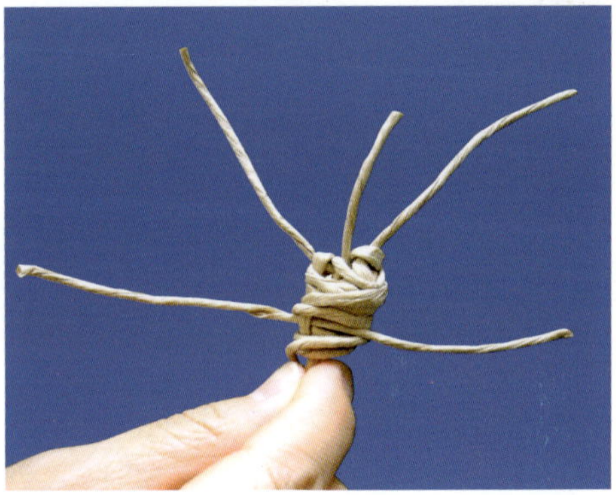

4 머리 부분에 앞다리를 고정시켜주세요.

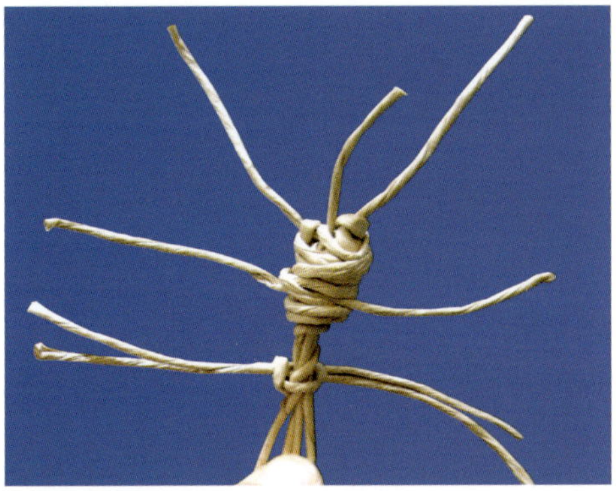

5 몸통에 다리끈 2개를 고정시켜주세요.

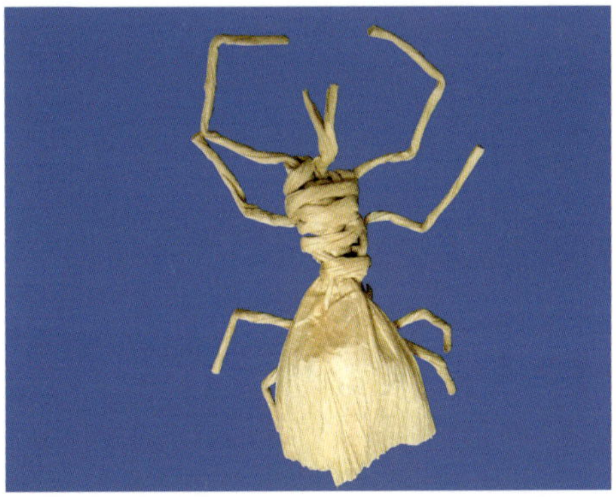

6 작은 뿔은 가르고 다리는 구부리고 날개를 펴주세요.

활동 8

대롱대롱 거미

절지동물 거미목 거미과의 동물이에요.

몸 길이 1~50mm이며 몸은 머리, 가슴, 배로 구분되어 있고 네 쌍의 긴 다리를 가지고 있습니다.

곤충이나 그 밖의 작은 동물을 잡아먹는데 먹이를 씹지 못하고 이빨로 찌른 다음 소화액으로 녹여 먹지요.

일정한 곳에 머물거나, 떠돌거나, 그물을 치는 세 가지 생활방식이 있는데 그물을 치고 사는 거미들은 배의 뒤쪽 끝에서 실을 뽑아 거미줄을 친답니다.

변태 과정을 거치지 않고 애기 거미끼리 살다가 나중에 독립한답니다.

전 세계에 약 30,000종이 있습니다.

대롱대롱 거미의 특징을 잘 살려 종이끈으로 만들어볼까요?

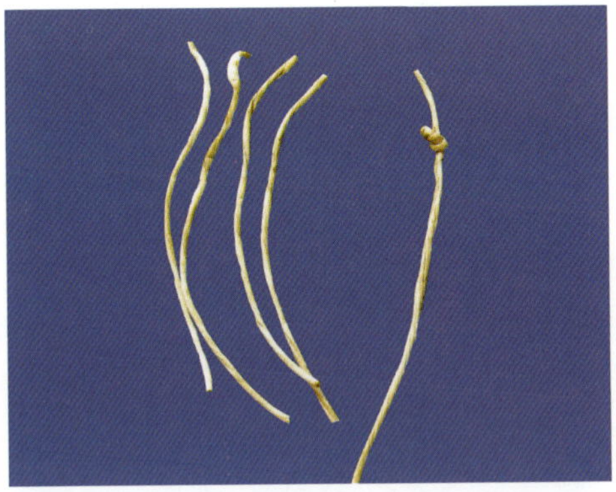

1 네 개의 다리와 끈에 매듭을 지어 주세요.

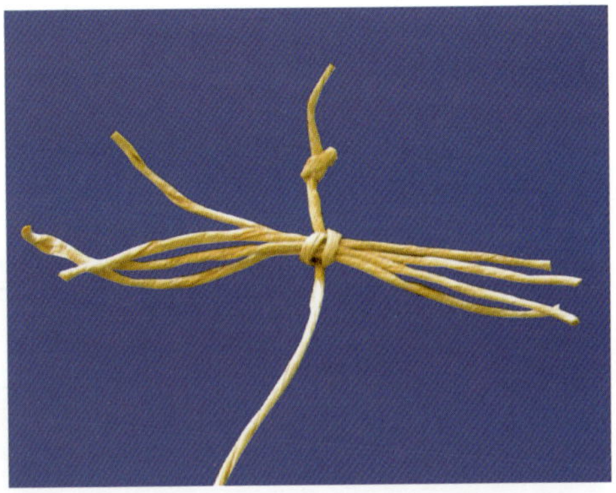

2 다리 네 개를 긴끈에 묶어 주세요.

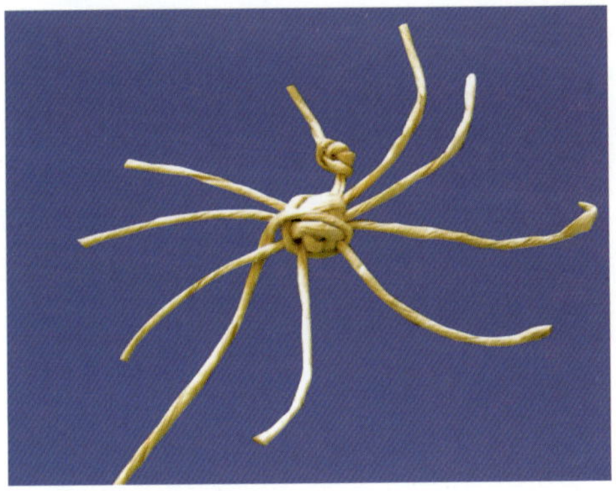

3 다리 사이사이를 X자로 감아 주며 둥근 몸을 만들어주세요.

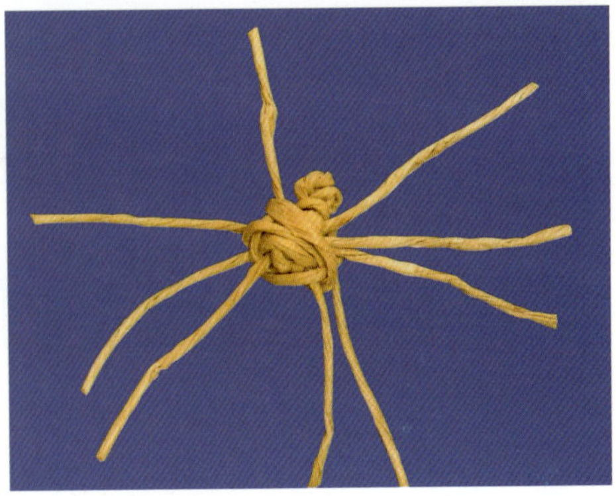

4 매듭 부분을 안쪽으로 말아 머리를 만들어주세요.

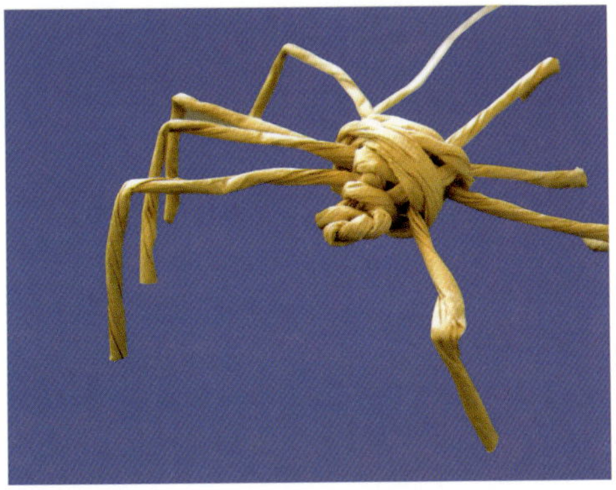

5 다리를 구부려 실을 뽑고 있는 거미완성입니다.

활동 9

여름밤의 침입자 모기

파리목 모기과의 곤충이에요.

알 → 유충 → 번데기 → 성충의 단계를 거쳐 성장하며, 다른 곤충과 마찬가지로 머리, 가슴, 배 세 부분으로 이루어져 있습니다.

머리에 대롱 모양의 입을 가지고 있는데, 수컷은 과즙이나 나무즙을 빨아먹는 반면 암컷은 알을 낳기 위해 동물의 피를 빨아 먹습니다.

전 세계에 약 2,500종이 살고 있습니다.

모기의 특징을 잘 살려 종이끈으로 만들어볼까요?

1 모기의 대롱 부분을 길게 남겨두고 매듭을 지어주세요.

2 계속 매듭을 지어 머리 부분을 만들어주세요.

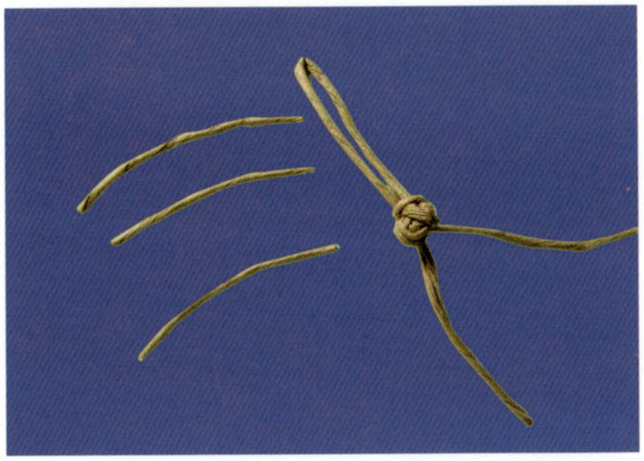

3 몸통을 만든 다음 세 개의 다리를 준비해주세요.

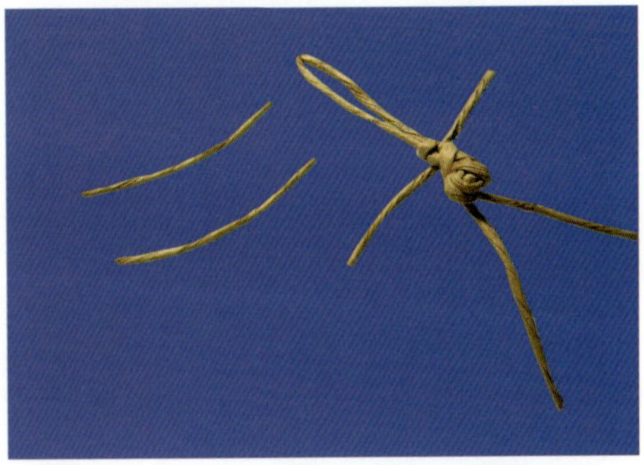

4 다리를 차례차례 몸통에 넣고 단단하게 감아주세요.

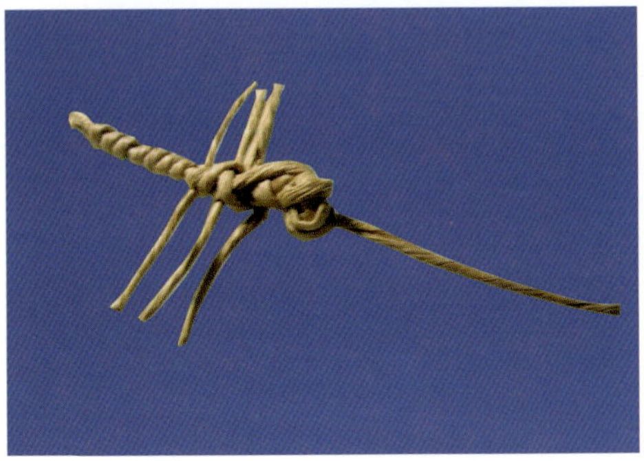

5 일정한 길이의 끈을 머리 밑 부분에 묶은 후 끈을 펼쳐 날개를 만들어주세요. 끝부분은 가위로 예쁘게 다듬어주세요.

6 모기 완성입니다.

역할놀이

나비: 얘들아, 어디 가는 길이니?

개미: 나는 먹이를 찾으러 가는 길이야!

매미: 나도 먹이를 찾으러 가는 길인데, 같이 갈까?

나비: 나는 꿀을 빨아먹는데 너희들은 무엇을 먹니?

개미: 어, 나는 과자나 죽은 곤충들 아무거나 다 잘 먹어.

매미: 나는 나무의 수액을 빨아 먹지.

사마귀는 옆에서 듣고 있다가, 웃습니다.

사마귀: 하하하하! 나는 너희들을 먹고 살지.

모두들: 으아아악!

다른 곤충들은 놀라서 도망갔습니다.

2. 식물의 세상

- 개나리
- 진달래
- 튤립
- 장미
- 코스모스
- 벼

활동 1

귀여운 개나리

쌍떡잎식물 물푸레나무과의 식물이에요.
높이는 3m로 4월에 꽃이 핀 뒤 잎이 나고 열매를 맺지요.
꽃은 노란색으로 1~3개씩 피며 끝이 4갈래로 갈라집니다.
병충해와 추위에 잘 견뎌서 관상용이나 울타리용으로 심어요.
한국과 중국에 분포되어 있으며 볕이 잘 드는 산자락에 주로 살아요.
꽃말은 희망입니다.

귀여운 개나리의 특징을 잘 살려 종이끈으로 만들어볼까요?

1 노란색 종이끈을 펴 주세요.

2 반으로 잘라 끝을 말아주세요.

3 같은 방법으로 또 하나를 준비해주세요.

4 두 개를 붙여 말아 개나리 모양을 만들어주세요.

5 개나리 완성입니다.

활동 2

화사한 진달래

꽃은 연한 붉은 색으로 겉에 털이 있으며 끝이 5개로 갈라집니다.
꽃으로 화전을 부쳐 먹거나 술을 담그고, 두통에 효과가 있어 약재로 쓰이지요.
한국, 일본, 중국, 몽골 등지에 분포되어 있으며 볕이 잘 드는 산자락에 주로 살아요.
꽃말은 절제, 청렴, 사랑의 즐거움입니다.

화사한 진달래의 특징을 잘 살려 종이끈으로 만들어볼까요?

1 분홍색 종이끈을 펴주세요.

2 세 개의 조각으로 자른 뒤 각각의 끝을 반으로 조금 잘라주세요.

3 마지막 조각의 한 쪽 끝을 여러 개로 다시 자른 뒤 말아 꽃술을 만들어주세요.

4 끝을 둥글게 다듬어 꽃잎 모양을 만들어주세요.

5 세 조각을 차례로 겹쳐 말아준 뒤 풀로 고정해주세요.

6 진달래 완성입니다.

활동 3

다소곳한 튤립

외떡잎식물 백합과의 식물이에요.

높이는 20~30cm로 꽃은 4~5월에 한 개씩 빨간색, 노란색 등 다양한 색깔로 피어요.

추위를 잘 견디는 동그란 뿌리 관상용 식물로 가을에 심지요.

남동 유럽과 중앙아시아가 원산지입니다.

꽃말은 사랑의 고백, 매혹입니다.

다소곳한 튤립의 특징을 잘 살려 종이끈으로 만들어볼까요?

1 노란색 종이끈을 펴 주세요.

2 짧게 잘라 꽃잎을 만들어주세요.

3 튤립꽃 모양이 완성되면 풀로 고정해주세요.

4 초록색 종이끈으로 잎과 가지를 만들어주세요.

5 튤립꽃에 가지와 잎을 이어 붙여주세요.

6 튤립 완성입니다.

활동 4

아름다운 장미

쌍떡잎식물 장미과의 식물이에요.
아름다운 꽃과 향기로 꽃 중의 여왕이라 불리지요.
3~7개의 꽃잎이 둘러싸여 꽃을 이루며 줄기에는 가시가 있습니다.
다양한 품종과 색깔이 있으며 향기도 좋아 화분과 꽃꽂이에 이용됩니다.
서아시아가 원산지로 북반구에 주로 분포되어 있지요.
꽃말은 행복한 사랑, 애정, 질투입니다.

아름다운 장미의 특징을 잘 살려 종이끈으로 만들어볼까요?

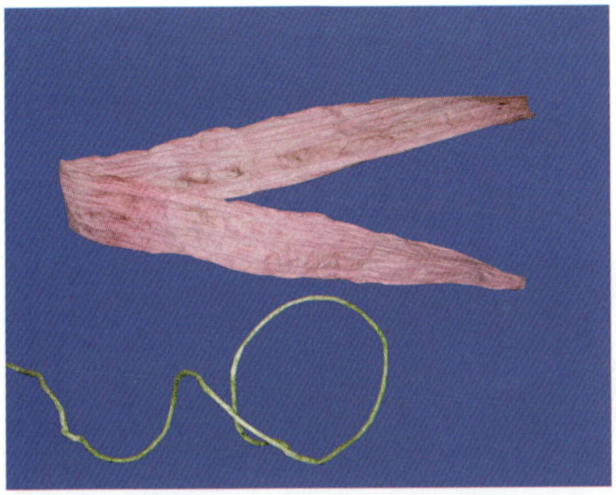

1 빨간색과 초록색 종이끈을 준비한 뒤 빨간색 종이끈을 펴 주세요.

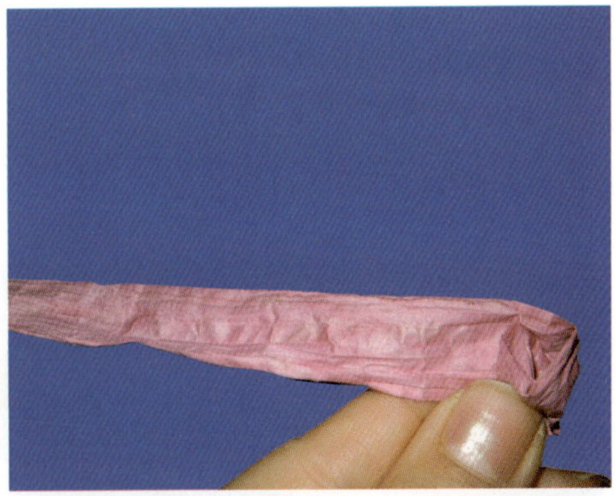

2 빨간색 종이끈을 장미꽃 모양으로 예쁘게 말아주세요.

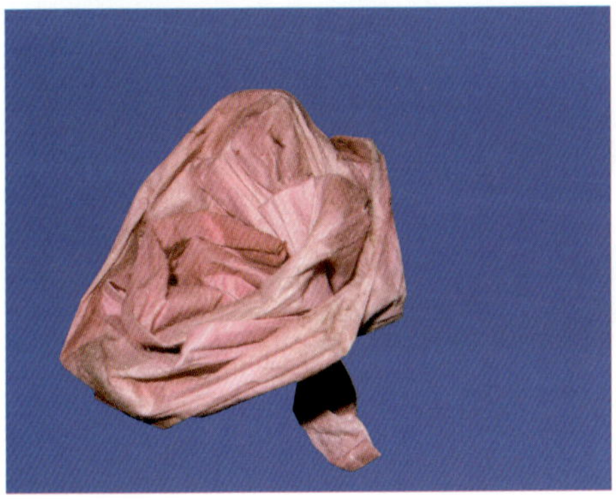

3 장미꽃 모양이 완성되면 풀로 고정해주세요.

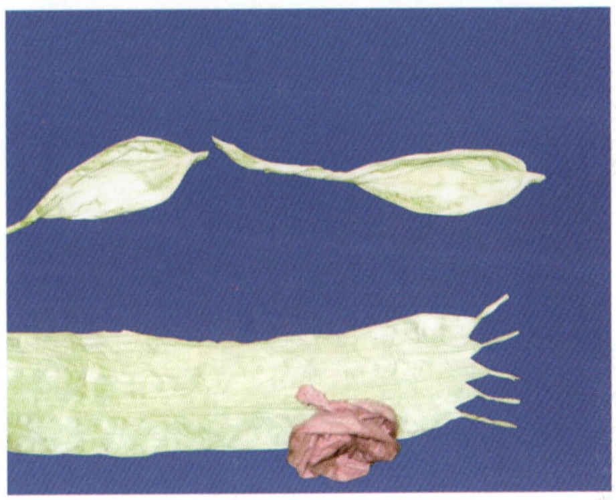

4 초록색 종이끈으로 잎 두 개와 꽃받침이 있는 가지를 만들어주세요.

5 장미꽃에 꽃받침이 있는 가지와 잎사귀를 이어 붙여주세요.

6 장미 완성입니다.

활동 5

하늘하늘 코스모스

쌍떡잎식물 국화과의 한해살이 풀이에요.
높이는 1~2m이며, 관상용으로 멕시코가 원산지입니다.
잎은 마주나고 깃 모양으로 갈라집니다.
6~10월에 흰색 · 분홍색 · 자주색의 꽃이 가지 끝에 한 송이씩 아름답게 피어납니다.
꽃말은 소녀의 순결, 순정이라고 합니다.

하늘하늘 코스모스의 특징을 잘 살려 종이끈으로 만들어볼까요?

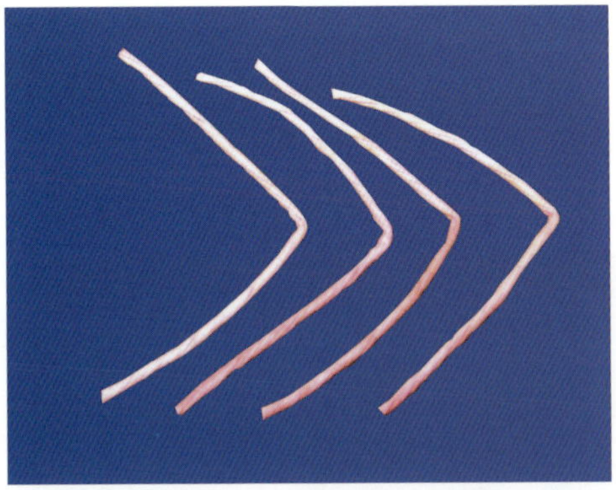

1 분홍색 종이끈 네 쌍을 준비해주세요.

2 일정하게 겹쳐 노란색 종이끈으로 엮어주세요.

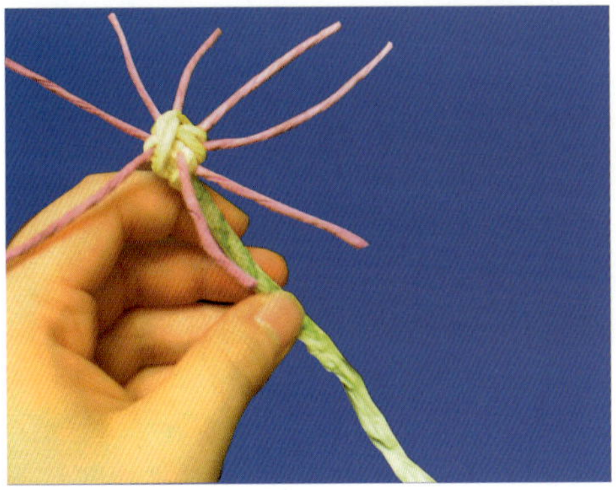

3 초록색 종이끈으로 꽃대를 만들어 주세요.

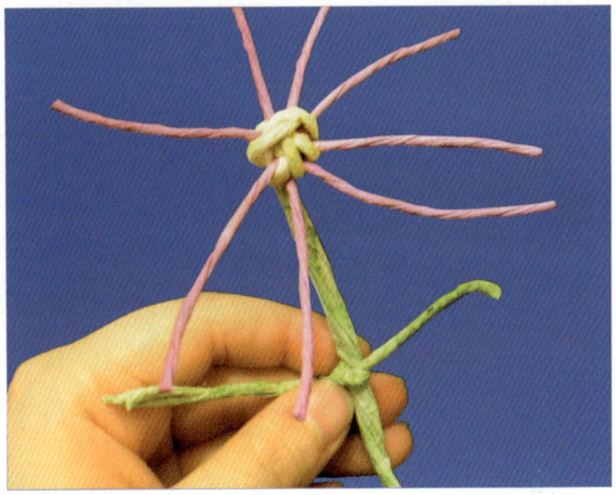

4 다른 초록색 종이끈을 묶어 잎을 만들어주세요.

5 꽃잎을 하나하나 펴주세요.

6 코스모스 완성입니다.

활동 6

겸손한 벼

외떡잎식물 벼목과의 한해살이 풀이에요.

높이는 약 1m로 잎은 가늘고 길며 줄기 끝에 이삭이 나와 꽃이 핀 후 9~10월에 열매를 맺는데 이 열매를 찧은 것이 바로 쌀이지요.

가장 오래 된 농작물로, 전 세계 인구의 40%가 쌀을 먹고 살아요.

벼의 대부분은 논에서 재배되며, 전 세계에 분포되어 있는데 지역마다 품종과 특성이 다르지요.

110여 국에서 벼를 기르고 있지만 아시아 대륙이 90% 이상을 차지한답니다.

겸손한 벼의 특징을 잘 살려 종이끈으로 만들어볼까요?

1 노란색 종이끈을 펴 주세요.

2 여러 조각으로 자른 뒤 말아주세요.

3 다시 동그랗게 말아줍니다.

4 목을 꺾어 구부려 벼를 만들어주세요.

5 초록색 종이끈으로 잎을 만들어 벼에 붙여주세요.

6 벼 완성입니다.

3. 바다 속 세상

- 문어
- 새우
- 가재
- 금붕어
- 다슬기
- 소라
- 거북이
- 게
- 돌고래
- 불가사리

활동 1

롱다리 문어

문어과의 연체동물로 몸의 길이는 발끝까지 3m 정도이며, 붉은 갈색이고 연한 빛깔을 띤 그물 모양의 무늬가 있는데 몸 색깔이 환경에 따라 변한답니다.
몸통은 공 모양이고 발은 여덟 개인데 빨판이 많이 달려 있습니다.
새우나 조개, 작은 물고기를 먹고 살며 한국, 일본, 알래스카, 북아메리카 등지에 살고 있습니다.

8개의 롱다리를 가진 문어의 특징을 잘 살려 종이끈으로 만들어볼까요?

1 둥근 모양으로 계속 매듭을 지어 문어 머리를 만들어주세요.

2 여덟 개의 다리를 준비해주세요.

3 다리와 머리를 연결해주세요.

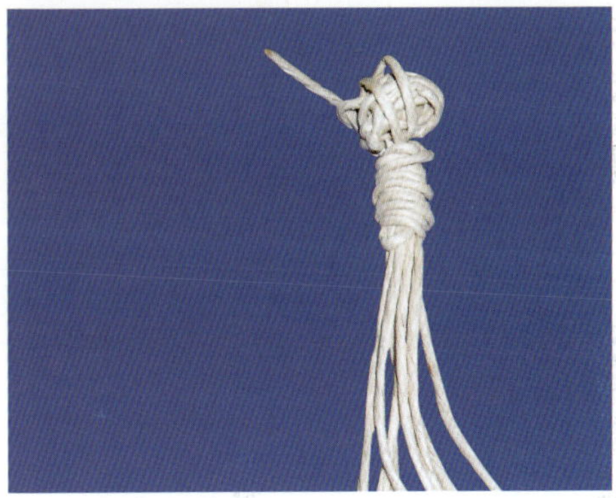

4 끈 하나를 짧게 빼내 입을 만들어 주세요.

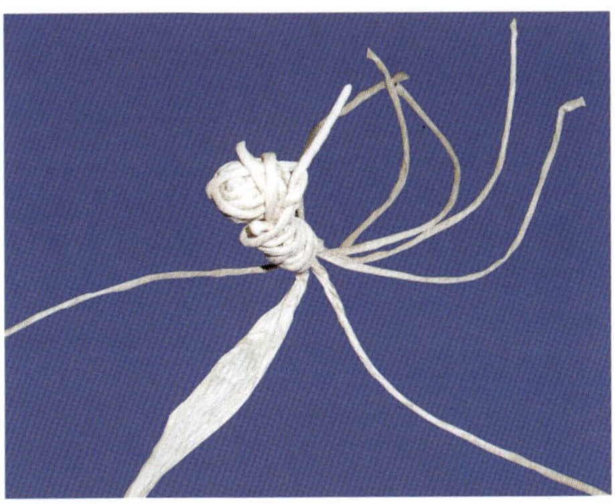

5 다리를 구부려 펼쳐 모양을 만들어 주세요.

6 여덟 개의 다리를 가진 문어가 됐어요.

활동 2

팔딱팔딱 새우

몸이 딱딱한 껍데기에 싸인 절지동물 갑각류의 작은 동물입니다.
아가미로 호흡하며 머리 앞쪽에는 긴 더듬이가 있지요.
낮에는 숨어 있다가 밤이면 나와서 물 속에 사는 아주 작은 동물이나 물고기, 플랑크톤 등을 먹어요.
민물이나 바닷물 등에서 생활하는데 세계 전 지역에서 쉽게 찾아볼 수 있습니다.

팔딱팔딱 새우의 특징을 잘 살려 종이끈으로 만들어볼까요?

1 새우의 긴 더듬이를 만들어 주세요.

2 더듬이에 이어서 머리와 가슴 부분을 만들어 주세요.

3 가슴 부분에 몸통과 꼬리 부분을 연결해 만들어 주세요.

4 종이끈을 친친 감아 주세요. 감는 틈틈이 등을 구부려 주세요.

5 5쌍의 다리를 준비해 종이끈을 감은 몸통 부분 사이사이에 끼워 넣어 주세요.

6 다리 사이를 종이끈으로 계속 감아 통통한 몸을 만들면 새우 완성입니다.

활동 3

팔씨름 장사 가재

새우와 마찬가지로 몸이 딱딱한 껍질에 싸여 있는 절지동물 갑각류예요.
새우와 게의 중간 형태로 몸 빛깔은 붉은 빛의 갈색이며 가슴에 붙어 있는 크고 억센 두 집게다리로 먹이를 잡지요.
보통 낮에는 돌 밑에서 숨어 있다가 밤이 되면 활동한답니다.
알을 낳는데 알에서 부화한 새끼는 암컷의 배에 안겨 보호받아요.
잡식성으로 물고기나 플랑크톤 등을 먹고 살며 산골짜기나 맑은 시냇물에 살아요.

팔씨름 장사 가재의 특징을 잘 살려 종이끈으로 만들어볼까요?

1 가재의 긴 더듬이를 만들어주세요.

2 머리와 몸통, 꼬리 부분을 만들어 주세요.

3 종이끈을 친친 감아주세요. 감는 틈틈이 등을 구부려주세요.

4 4쌍의 다리와 큰 집게다리를 준비해 몸통 부분 사이사이에 끼워 넣어주세요.

5 다리 사이를 종이끈으로 계속 감아 통통한 몸을 완성해주세요.

6 가재 완성입니다.

활동 4

왕눈이 금붕어

잉어과의 민물고기예요.
사람들이 관상용으로 어항에 많이 기르지요.
종류와 빛깔, 생김새가 저마다 다른데 대체로 붉은색이에요.
눈과 주둥이가 툭 튀어나왔고 지느러미의 형태도 다양하답니다.
봄에 알을 낳는데 물풀 등에 알을 붙여 놓는답니다.
잡식성으로 무엇이든 잘 먹지요.
중국으로부터 전 세계에 전래되어 세계 전 지역에 살고 있답니다.

왕눈이 금붕어의 특징을 잘 살려 종이끈으로 만들어볼까요?

1 금붕어의 몸통과 꼬리 부분의 뼈대를 만들어주세요.

2 아가미 옆의 두 지느러미를 만들어주세요.

3 등지느러미를 만들어주세요.

4 종이끈을 친친 감은 몸통에 금붕어의 눈을 머리에 고정해주세요.

5 종이끈을 펼쳐 예쁘게 다듬어 지느러미를 만들어주세요.

6 금붕어 완성입니다.

활동 5

동글동글 다슬기

다슬기과의 연체동물이에요.
몸 길이 2cm로 껍데기를 가지고 있으며 자웅이체로 알을 낳지요.
물 속의 아주 작은 생물을 먹고 사는데 수중식물에 붙어 이를 갉아먹거나 이끼를 먹어요.
어미다슬기는 뱃속에 천 마리가 넘는 새끼를 품고 있다가 낳는답니다.
하천과 호수 등 물이 깊고 물살이 센 곳의 바위 틈에서 무리 지어 생활합니다.
우리나라 남부 지방과 일본, 타이완 등에서 살아요.

동글동글 다슬기의 특징을 잘 살려 종이끈으로 만들어볼까요?

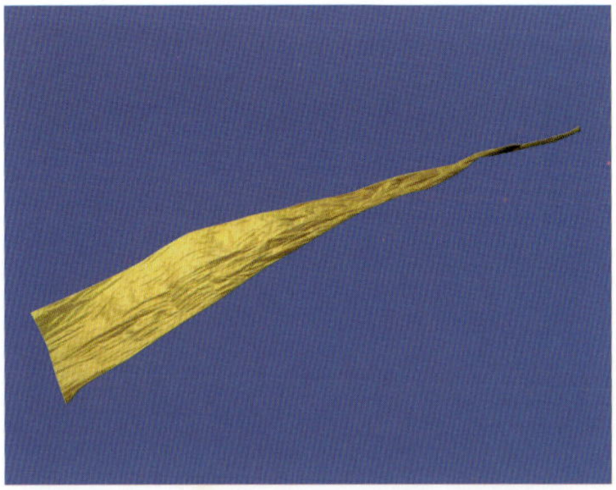

1 10㎝의 종이끈을 넓게 펼쳐주세요.

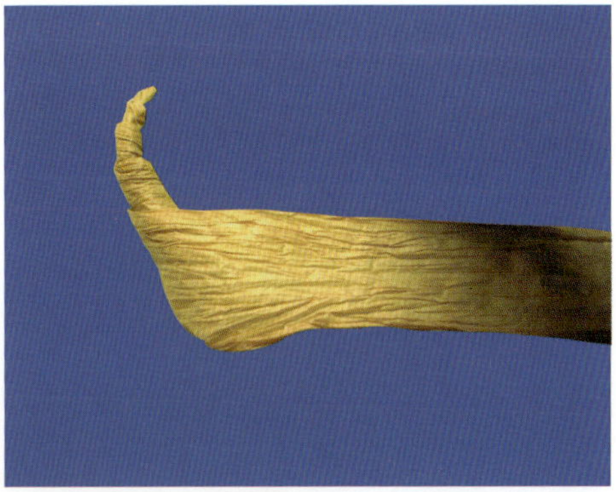

2 끝부분부터 사이사이 풀로 붙여가면서 돌돌 말아주세요.

3 돌돌 만 껍데기의 끝부분을 타원으로 길게 잘라주세요.

4 또 다른 종이끈으로 몸통을 만들어 끝부분을 잘라 더듬이를 만든 뒤 껍데기에 넣어주면 완성입니다.

활동 6

둥글둥글 소라

소라과의 연체동물이에요.

나사처럼 꼬불꼬불한 무늬가 새겨진 두꺼운 껍데기가 있는데 조개 세공이나 단추의 재료가 되며 살은 식용으로 쓰이지요.

자웅이체로 5~8월에 암 · 수컷이 힘을 합쳐 알을 낳습니다.

바닷말이 많이 자라는 얕은 바다 속 바위 틈에서 많이 살아요.

입에는 혀 이빨이 있어서 먹이를 쉽게 갉아먹을 수 있어요.

밤에 활동하며 미역 같은 해조류를 잘 먹어요.

한국 남부 연안과 일본 남부 연안에서 주로 살지요.

둥글둥글 소라의 특징을 잘 살려 종이끈으로 만들어볼까요?

1 20㎝의 종이끈(大)을 펼쳐주세요.

2 끝부분부터 사이사이 풀로 붙여가면서 돌돌 말아주세요.

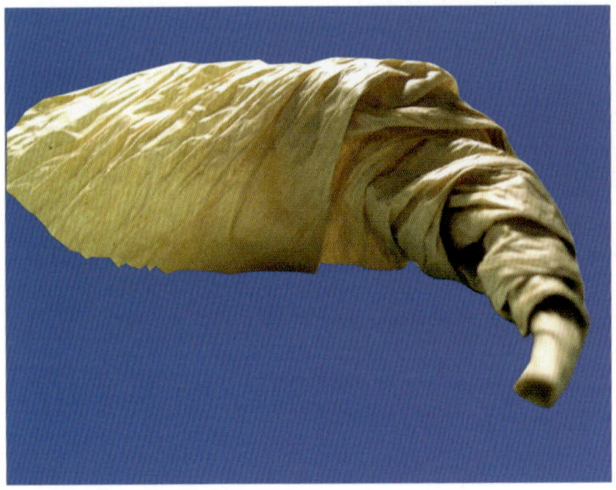

3 둥글게 구부려가며 말아주세요.

4 끝부분은 넓고 둥글게 가위로 다듬어주세요.

5 또 다른 종이끈을 돌돌 말아 몸통부분을 만들어주세요.

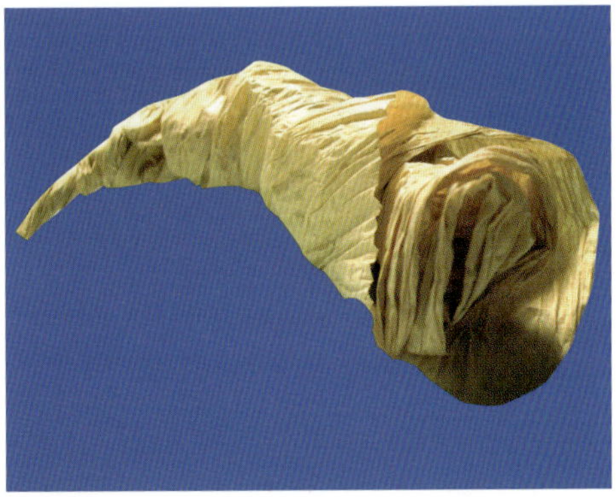

6 몸통부분을 껍데기에 넣으면 완성입니다.

활동 7

엉금엉금 거북이

파충강 거북목 동물이에요.

파충류 중 가장 오래 전부터 존재해온 동물로 수명도 길어 수십 년에서 백 년까지 살지요.

몸은 머리, 목, 몸통, 꼬리, 다리 등으로 이루어지는데 몸통의 등은 딱딱한 등딱지로, 배는 배딱지로 덮여져 있지요.

대부분 초식성이지만 잡식성도 있어요.

강이나 늪 등의 물에 살면서 육지 생활도 하는데 알은 육지에서 낳지요.

세계 전 지역에서 쉽게 찾아볼 수 있어요.

엉금엉금 거북이의 특징을 잘 살려 종이끈으로 만들어볼까요?

1 일정한 길이의 종이끈(大)을 넓게 펴고 양쪽 끝을 말아 등딱지를 만들어주세요.

2 똑같은 크기의 배딱지를 만들어주세요.

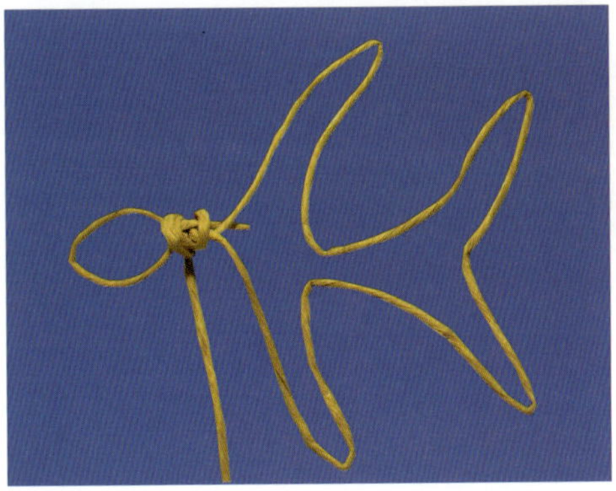

3 거북이 몸통모양을 만들어주세요.

4 친친 감아 몸통을 만든 후 배딱지 위에 고정시켜주세요.

5 등딱지도 덮어 풀로 붙여주세요.

6 거북이 완성입니다.

활동 8

옆으로 걷는 게

십각목의 갑각류 절지동물이에요.

10개의 가슴다리가 있는데 2개의 큰 집게다리로 먹이를 잡고 4쌍의 다리로 걷거나 헤엄치지요.

바다와 민물에서 살며 해삼이나 조개에 기생하는 것도 있어요.

잡식성으로 작은 새우나 물고기, 조개 등을 먹고 살아요.

세계 전 지역에서 쉽게 찾아볼 수 있어요.

옆으로 걷는 게의 특징을 잘 살려 종이끈으로 만들어볼까요?

1 집게다리를 만들 20㎝의 종이끈 하나와 5㎝의 종이끈 두개를 준비해주세요.

2 5㎝의 종이끈 끝부분을 펼쳐 20㎝의 종이끈에 풀로 붙여 감아주세요.

3 완성된 집게다리와 함께 15㎝의 다리 네 개를 준비해주세요.

4 **3**의 다리들을 하나로 묶은 뒤 친친 감아 몸통을 만들어주세요.

5 몸통 중간에 게의 두 눈을 고정시키고 다리들을 구부려 모양을 만들어주세요.

6 게 완성입니다.

활동 9

재롱둥이 돌고래

고래목의 포유동물이에요.
한 배에 1마리의 새끼를 낳지요.
몸 길이는 4m 이하로 몸에는 윤기가 흐르며 피부 색상이 선명해요.
특유의 소리를 내어서 서로 의사소통을 한답니다.
무리를 이루어 이동하며, 오징어와 물고기를 즐겨 먹어요.
태평양과 대서양, 인도양에서 살고 있지요.

재롱둥이 돌고래의 특징을 잘 살려 종이끈으로 만들어볼까요?

1 일정한 길이의 종이끈(大)의 가운데를 구부려주세요.

2 돌고래의 두 배지느러미와 등지느러미를 만들어주세요.

3 입과 꼬리 부분을 조금 남겨두고 몸통을 친친 감아주세요.

4 꼬리지느러미를 넓게 펼치고 가위로 다듬어 모양을 만들어주세요.

5 나머지 등과 배지느러미들도 마찬가지로 모양을 만들어주세요.

6 돌고래 완성입니다.

활동 10

바다의 별 불가사리

불가사리과의 극피동물입니다.

다리가 다섯 개라서 바다 밑바닥에 사는 별이라고도 하지요.

몸이 여러 조각으로 잘려도 죽지 않고 다시 살아난다고 해서 불가사리라는 이름을 붙였대요.

등에는 가시가 많이 나 있고 배에는 빨판다리가 있어서 바닥에 딱 붙을 수 있어요.

입은 배 한가운데 있는데 조개나 갯지렁이, 말미잘을 먹고 살아요.

바다 밑 모래 갯벌에서 생활하고 주로 북서태평양에서 살고 있는데 우리나라에서는 전국의 바닷가에서 쉽게 찾아볼 수 있어요.

바다의 별 불가사리의 특징을 잘 살려 종이끈으로 만들어볼까요?

1 종이끈(大)으로 불가사리의 별 모양을 만들어주세요.

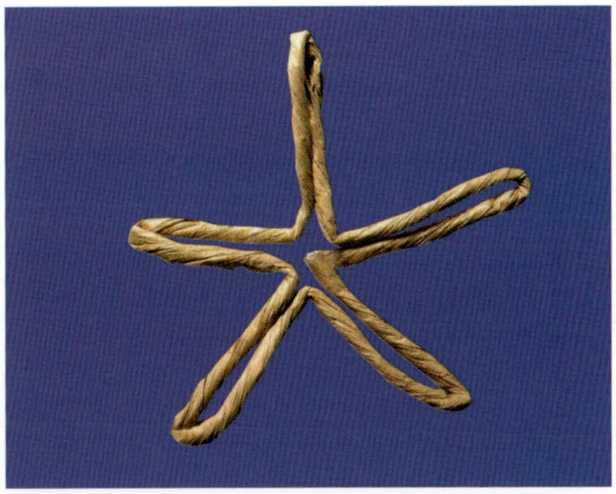

2 가운데로 모아주세요.

3 가운데를 시작으로 종이끈을 감아주세요.

4 다리 하나하나 차례대로 종이끈을 감아주세요.

5 몸통 전체를 감은 뒤 모양을 잡아주세요.

6 불가사리 완성입니다.

역할놀이

돌고래: 얘들아, 안녕? 나는 방금 바다 위로 점프해서 구경하고 왔어. 나의 점프 실력은 바다에서 최고야!

꽃게: 나는 커다란 집게발로 무엇이든 단단히 잘 집을 수 있지. 나의 집게발은 바다에서 최고야!

새우: 나의 멋진 수염은 수영할 때 길을 잘 찾을 수 있도록 도와주고 몸의 균형을 잡아주지. 나의 수염은 바다에서 최고야!

불가사리: 나는 딱딱한 조개껍질도 부술 수 있는 힘을 가질 수 있어. 나의 힘은 바다에서 최고야!

4. 땅 위의 세상

- 달팽이
- 개구리
- 뱀
- 까치
- 닭
- 양
- 토끼
- 곰
- 원숭이
- 다람쥐
- 말
- 돼지
- 기린
- 쥐
- 캥거루

활동 1

꼬물꼬물 달팽이

병안목 달팽이과의 연체동물이에요.
암수가 한 몸에 있는 자웅동체랍니다.
머리엔 2쌍의 더듬이가 있는데 큰 더듬이 끝에 눈이 있어요.
등에는 고둥 모양의 껍데기가 있는데 온 몸을 껍데기 속에 집어넣어 숨을 수 있습니다.
또 몸 표면에서 액체를 분비하는데 몸을 촉촉하게 유지시키기도 하고 이동하기도 합니다.
주로 밤에 기어 다니면서 먹이를 찾는데 이끼나 채소 등을 먹지요.
한국, 일본, 중국 등 온대와 열대 지방에서 살아요.

꼬물꼬물 달팽이의 특징을 잘 살려 종이끈으로 만들어볼까요?

1 일정한 길이의 끈을 반으로 접어 묶어서 눈을 만들어주세요. 다른 끈을 접어 눈 밑에 묶어서 더듬이를 만들어주세요.

2 눈과 더듬이 주변을 친친 감아서 머리 부분을 만들어주세요.

3 몸통 부분을 만들고 여러 번 친친 감아서 구부려주세요.

4 50cm 정도의 긴 끈을 넓게 펼친 후 달팽이집 모양으로 돌돌 감아주세요. 감는 중간중간에 풀을 발라서 고정시켜주세요.

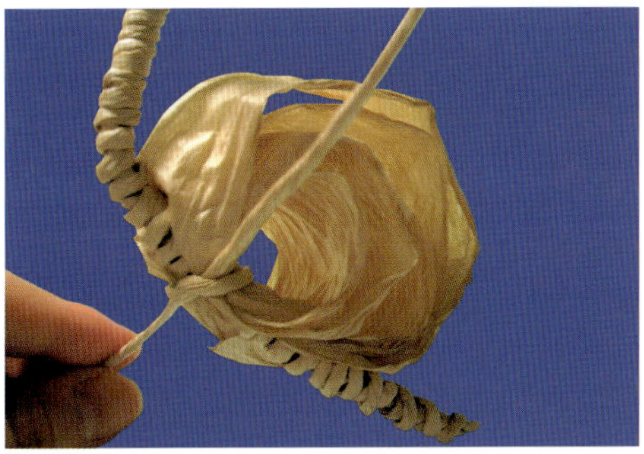

5 완성된 달팽이집을 몸통에 묶어서 연결해주세요.

6 달팽이 완성입니다.

활동 2

팔짝팔짝 개구리

몸체는 머리, 가슴, 다리 세 부분으로 되어 있어요.
뒷발이 길고 발가락 사이에 물갈퀴가 있어서 수영을 아주 잘 해요.
일반적으로 피부는 촉촉하게 유지되어 숨을 쉬곤 하지요.
알을 낳으면 올챙이로 자라다가 뒷발부터 생기면서 개구리가 되지요.
작은 물고기 같은 수중 동물, 곤충 등을 잡아먹고 살아요.
세계 전 지역에서 쉽게 찾아볼 수 있어요.

팔짝팔짝 개구리의 특징을 잘 살려 종이끈으로 만들어볼까요?

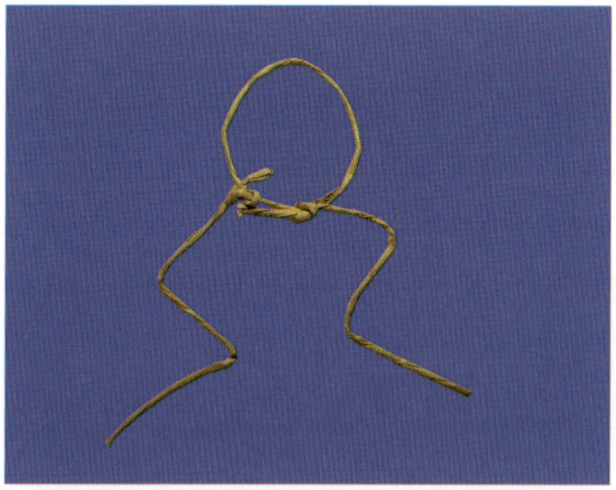

1 개구리의 몸통과 뒷다리 부분의 뼈대를 만들어주세요.

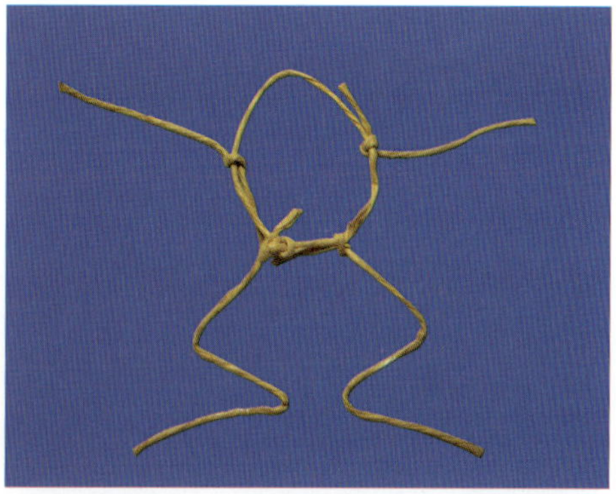

2 몸통에 앞다리 부분도 만들어 붙여주세요.

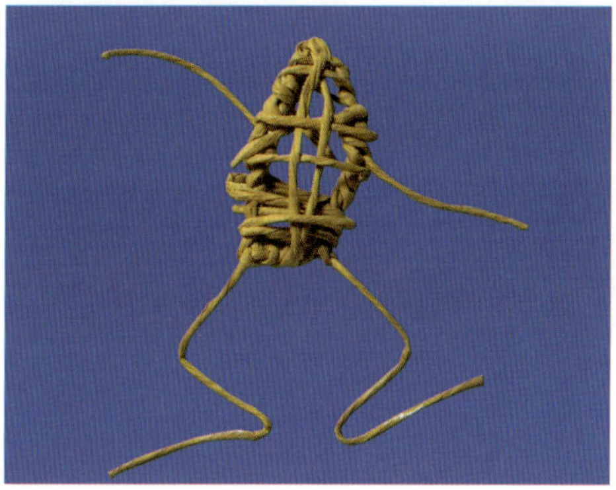

3 몸통부분을 종이끈으로 친친 감아주세요.

4 종이끈을 여러 번 매듭지어 만든 개구리의 큰 눈을 머리에 고정시켜 주세요.

5 다리부분을 통통하게 친친 감아 모양을 만들어주세요.

6 종이끈을 펴 물갈퀴를 만들어주면 개구리 완성입니다.

활동 3

구불구불 뱀

파충강 뱀과의 동물이에요.

몸은 원통형으로 가늘고 길며 피부는 비늘로 덮여 있는데 오래 되면 허물을 벗지요.

개구리나 곤충 같은 작은 동물을 잡아먹으며 알을 낳지요.

2,700여 종이 알려져 있는데 주로 열대지방에 많은 종류가 분포하며, 세계 전 지역에서 찾아볼 수 있어요.

구불구불 기다란 뱀의 특징을 잘 살려 종이끈으로 만들어볼까요?

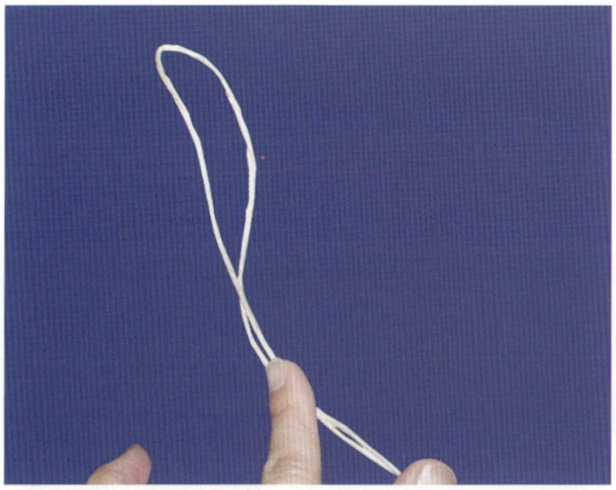

1 종이끈을 구부려 둥근 머리 모양을 만들어주세요.

2 또 다른 끈으로 1을 반복해서 완성된 두 머리 모양을 겹쳐주세요.

3 두 끈 사이에 끈을 하나 더 겹쳐주세요.

4 모두 친친 감아 몸통을 만들고 머리 사이의 끈을 펼쳐 혀를 만들어주세요.

5 몸통을 이리저리 구부려 주세요.

6 구불구불 뱀이 완성되었습니다.

활동 4

반가운 손님 까치

참새목 까마귀과의 새랍니다.

우리나라에서는 반가운 손님을 부르는 새로 사랑받고 있지요.

몸 길이는 45cm 정도이고 머리와 가슴은 검정색이고 배는 흰색이에요.

잡식성으로 쥐 같은 작은 동물이나 곤충, 나무열매, 곡물 등을 먹고 살아요.

나무 위에 둥지를 짓고 소규모로 무리 지어 평지 촌락 주변이나 공원, 주택가에서 생활하지요.

유럽과 아시아, 북아프리카, 북아메리카 서부 지역에서 주로 살지요.

반가운 손님 까치의 특징을 잘 살려 종이끈으로 만들어볼까요?

1 긴 부리를 남기고 여러 번 매듭지어 까치의 머리를 만들어주세요.

2 몸통과 긴 꼬리 부분을 만들어주세요.

3 몸통을 친친 감은 뒤 두 날개와 두 다리를 준비해주세요.

4 날개와 다리를 몸통에 엮은 뒤 종이끈을 친친 감아 고정해주세요.

5 부리와 날개, 다리, 꼬리의 종이끈을 펼쳐 각각의 모양을 만들어주세요.

6 까치 완성입니다.

활동 5

꼬끼오 자명종 닭

닭목 꿩과의 새에요.

머리에 붉은 볏이 있고 날개는 퇴화해서 잘 날지 못하며 다리는 튼튼하지요.

약 500종이 살고 있고 몸무게는 0.5~6.5kg이며, 몸 색깔은 흰색, 갈색, 검정색 등이 있어요.

고기와 알을 얻기 위해 많이 기르고 있지요.

잡식성으로 주로 곡식류와 벌레를 먹어요.

세계 전 지역에서 쉽게 찾아볼 수 있어요.

꼬끼오 자명종 닭의 특징을 잘 살려 종이끈으로 만들어볼까요?

1 부리 부분을 남기고 여러 번 매듭지어 닭의 머리 모양을 만들어주세요.

2 머리에 벼슬 부분을 만들어주세요.

3 몸통과 꼬리 부분을 만들어주세요.

4 몸통 부분을 친친 감은 뒤 두 날개와 다리를 몸통에 고정해주세요.

5 부리, 벼슬, 날개, 다리, 꼬리 부분의 종이끈을 펼쳐 모양을 만들어주세요.

6 닭 완성입니다.

활동 6

복슬복슬 양

소과의 포유동물이에요.

집에서 기르는 가축과 야생에서 사는 산양이 있어요.

대부분 몸은 흰 털로 덮여 있는데 이 털로 따뜻한 옷과 이불을 만들고 고기와 우유, 가죽을 얻기도 하지요.

성질이 온순하고 무리를 지어 살아요.

초식성이에요.

세계 전 지역에서 살고 있는데 특히 오스트레일리아, 남아메리카에 많지요.

복슬복슬 양의 특징을 잘 살려 종이끈으로 만들어볼까요?

1 일정한 길이의 종이끈(大)을 이어 붙여주세요.

2 머리 · 목 · 몸통으로 나눈 뒤 네 다리와 꼬리를 붙여주세요.

3 머리 부분에 두 귀를 달아주세요.

4 몸통 부분을 친친 감아주세요.

5 흰색 종이끈으로 머리와 몸을 친친 감아주세요.

6 양 완성입니다.

활동 7

깡충깡충 토끼

토끼과의 포유동물이에요.
귀가 길고 꼬리는 짧으며, 앞다리보다 뒷다리가 발달해서 깡충깡충 뛰어다녀요.
초식성으로 커다란 앞니로 먹이를 갉아 먹어요.
집토끼와 멧토끼, 굴토끼 등이 있는데 번식력이 강하지요.
아프리카와 아메리카, 아시아, 유럽 등지에 살고 있어요.

깡충깡충 토끼의 특징을 잘 살려 종이끈으로 만들어볼까요?

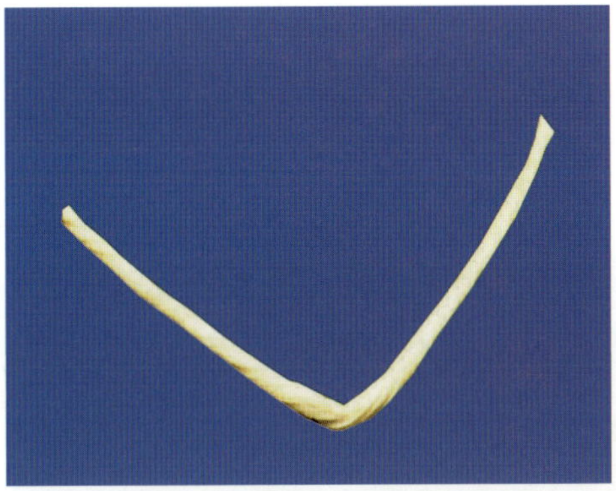

1 토끼의 두 귀를 준비해주세요.

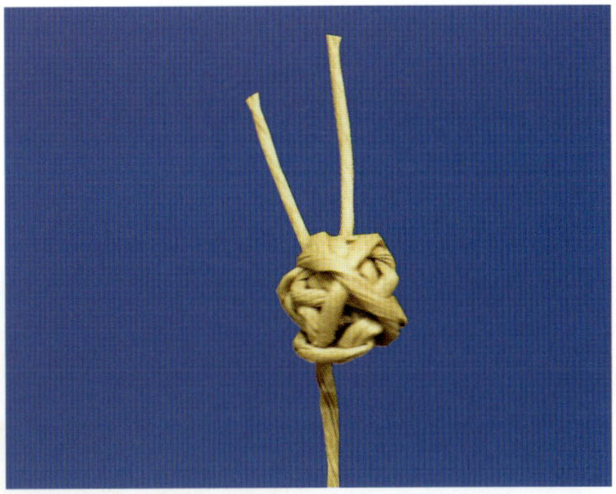

2 귀 사이에 종이끈을 감아 머리를 만들어주세요.

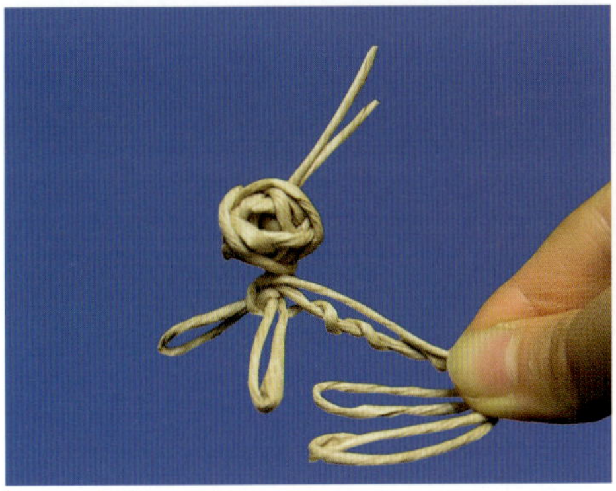

3 몸통과 다리의 뼈대를 만들어주세요.

4 몸통 부분을 친친 감아주세요.

5 두 귀와 꼬리의 종이끈을 펼쳐 모양을 만들어주세요.

6 토끼 완성입니다.

활동 8

포근한 곰

곰과의 포유동물이에요.
몸 길이는 1~3m로 육지동물 중 가장 덩치가 큰 식육동물이지요.
몸 색깔은 검은색, 흑갈색, 흰색, 회색 등이고 목이나 앞가슴에 흰 띠가 있기도 해요.
냄새를 잘 맡고 발톱이 갈고리처럼 생겨서 고기잡이나 나무타기, 구멍파기를 잘 하지요.
잡식성으로 곤충, 물고기, 벌꿀, 열매, 초식동물 등을 먹습니다.
북극곰을 제외하고는 대부분 숲 속에서 살아요.
아프리카와 오스트레일리아, 남극을 제외한 전 대륙에서 살고 있지요.

포근한 곰의 특징을 잘 살려 종이끈으로 만들어볼까요?

1 곰의 머리를 만들어주세요.

2 몸통과 다리의 뼈대를 만들어주세요.

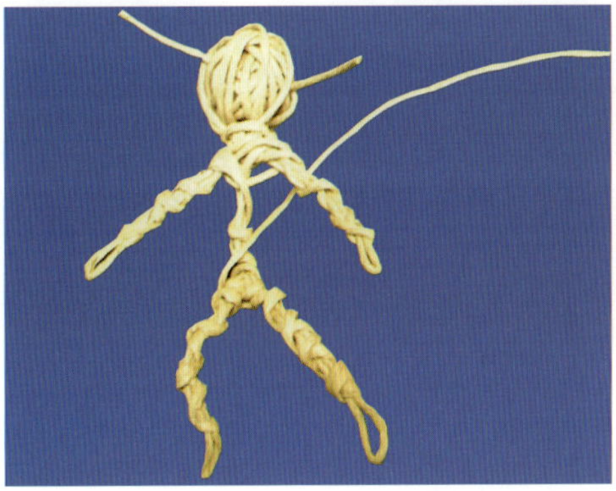

3 엉덩이 뒤쪽에 꼬리를 남겨주세요.

4 몸통 부분을 친친 감아주세요.

5 두 귀와 꼬리의 종이끈을 펼쳐 모양을 만들어주세요.

6 곰 완성입니다.

활동 9

장난꾸러기 원숭이

원숭이과의 포유동물이에요.
몸 길이는 70~100cm로 얼굴과 볼기에는 털이 없고 붉어요.
사람과 비슷하게 생겼어요.
일반적으로 이동생활을 하는데 무리의 이동범위는 거의 정해져 있어요.
대부분 잡식성으로 식물 열매와 잎, 곤충 따위를 먹는데 입에는 먹이를 모아두는 주머니가 있지요.
유럽과 오스트레일리아, 북아메리카를 제외하고 세계의 적도를 중심으로 살아요.

장난꾸러기 원숭이의 특징을 잘 살려 종이끈으로 만들어볼까요?

1 원숭이의 머리를 만들어주세요.

2 몸통과 다리의 뼈대를 만들어주세요.

3 몸통 부분을 친친 감아주세요. 엉덩이 뒤쪽에 꼬리를 남겨주세요.

4 종이끈을 펼쳐 귀 모양을 만들어주세요.

5 원숭이 완성입니다.

활동 10

나무를 잘 타는 다람쥐

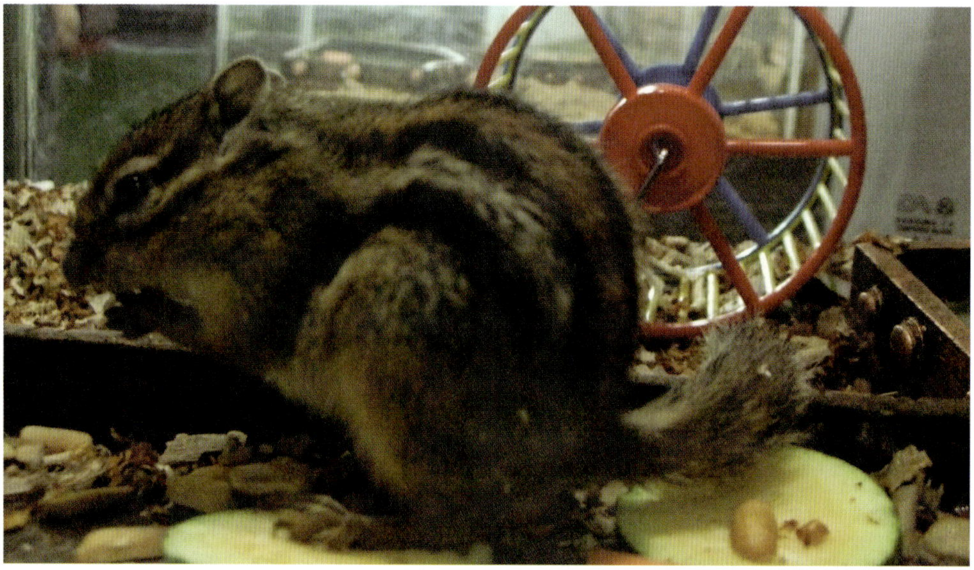

다람쥐과의 포유동물이에요.

몸 길이는 12~15cm로 나무를 매우 잘 탑니다.

몸 색깔은 붉은 갈색이고 아래쪽은 흰색, 배는 담색이며 등에 다섯 개의 검은 줄이 있지요.

나무 열매를 먹고 살며 겨울에는 나무 구멍에서 잠을 자요.

한국, 중국, 일본, 시베리아 등지에 살아요.

나무를 잘 타는 다람쥐의 특징을 잘 살려 종이끈으로 만들어볼까요?

1 다람쥐의 머리를 만들어주세요.

2 몸통과 다리의 뼈대를 만들어주세요.

3 몸통 부분을 친친 감아주세요. 엉덩이 뒤쪽에 꼬리를 남겨주세요.

4 종이끈을 펼쳐 귀와 꼬리를 만들어 주세요.

5 다람쥐 완성입니다.

활동 11

달리기 선수 말

말과의 포유동물이에요.

갈색, 검은색, 붉은 갈색, 흰색 등 다양한 몸 색깔에 목, 얼굴이 길고 목덜미에 갈기가 있으며, 꼬리는 긴 털로 덮여 있어요.

네 다리가 튼튼해 달리기를 잘 하지요.

성질이 온순하고 힘이 세서 농사를 짓거나 짐을 운반하기도 합니다.

초식성이에요.

세계 전 지역에서 쉽게 찾아볼 수 있지요.

달리기 선수 말의 특징을 잘 살려 종이끈으로 만들어볼까요?

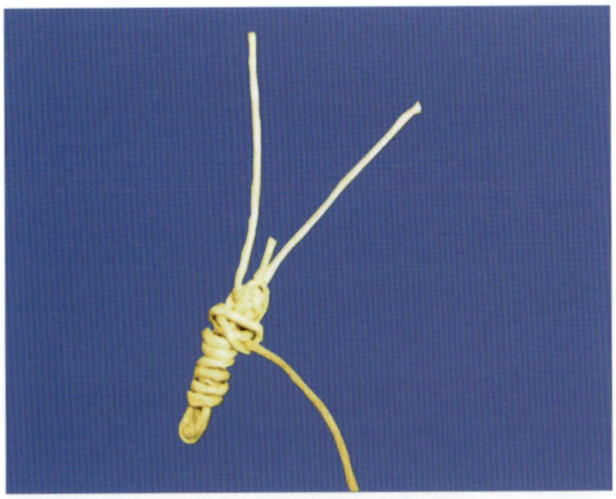

1 말의 머리를 만들어주세요.

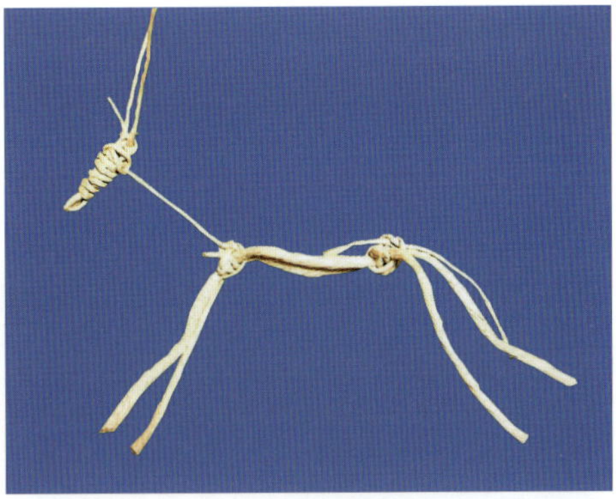

2 몸통과 다리의 뼈대를 만들어주세요.

3 몸통 부분을 친친 감아주세요. 엉덩이 뒤쪽에 꼬리를 남겨주세요.

4 종이끈을 펼쳐 귀 모양을 만들어주세요.

5 종이끈을 펼쳐 풍성한 꼬리를 만들어주세요.

6 말 완성입니다.

활동 12

꿀꿀 돼지

멧돼지과의 포유동물이에요.
주로 고기를 이용할 목적으로 기르는 가축이지요.
몸무게는 200~250kg이며, 다리와 꼬리가 짧고 주둥이가 삐죽해요.
온순하며 건강한 성품으로 아기를 뱃속에 4개월 동안 데리고 있다가 8~15마리의 새끼를 낳지요.
잡식성으로 무엇이든 맛있게 잘 먹어요.
세계 전 지역에서 쉽게 찾아볼 수 있지요.

꿀꿀 돼지의 특징을 잘 살려 종이끈으로 만들어볼까요?

1 돼지의 머리를 만들어주세요.

2 몸통과 다리의 뼈대를 만들어주세요.

3 몸통 부분을 친친 감아주세요.

4 엉덩이 뒤쪽의 꼬리를 돌돌 말아주세요.

5 돼지 완성입니다.

활동 13

목이 긴 기린

기린과의 포유동물이에요.
주로 무리를 지어 모여 사는데, 이른 아침 또는 저녁 때 활동하지요.
다리와 목이 아주 길어서 높은 나무에 달려 있는 잎도 쉽게 뜯어먹을 수 있어요.
땅 위에 사는 포유동물 중에서 가장 키가 큰 동물이에요.
머리 꼭대기엔 한 쌍의 뿔이 있지요.
주로 아카시아의 잎과 작은 가지, 꽃이나 열매, 풀 등을 먹고 살아요.
사하라 사막 이남의 아프리카에 주로 살고 있지요.

목이 긴 기린의 특징을 잘 살려 종이끈으로 만들어볼까요?

1 뿔 두 개, 귀 두 개의 기린의 머리를 만들어주세요.

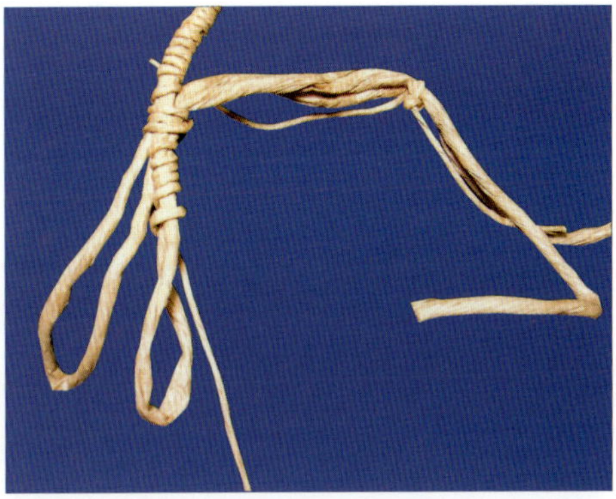

2 몸통과 다리의 뼈대를 만들어주세요.

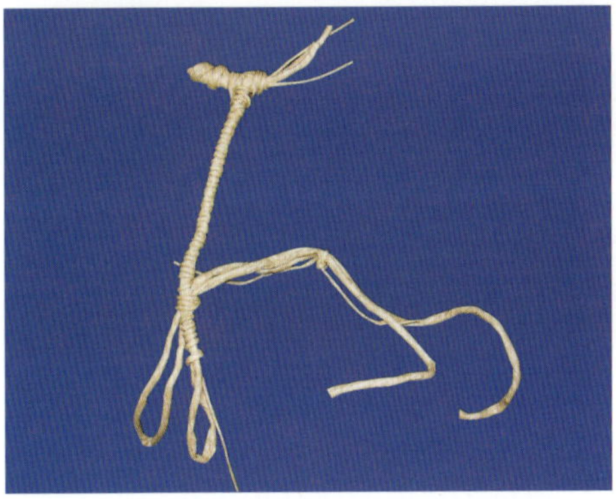

3 몸통 부분을 친친 감아주세요.

4 종이끈을 펼쳐 귀를 만들고 꼬리 끝에 종이끈을 감아주세요.

5 기린 완성입니다.

활동 14

찍찍 쥐

이빨이 발달한 설치류인 포유동물이에요.

딱딱한 물건을 갉아먹기 좋도록 입의 아래 위에 한 쌍의 귀여운 앞니가 있지요.

평생 계속 자라기 때문에 이빨을 갈아주곤 하지요.

주로 밤에 활동하는 야행성이에요.

먹이는 가리는 것 없이 다 잘 먹는 잡식성이지요.

남극과 뉴질랜드를 제외한 세계의 전 지역에 살고 있어요.

찍찍 쥐의 특징을 잘 살려 종이끈으로 만들어볼까요?

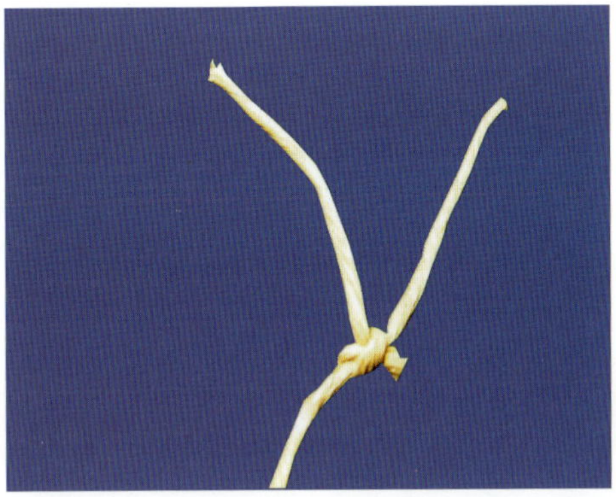

1 쥐의 두 귀를 준비해주세요.

2 쥐의 머리를 만들어주세요.

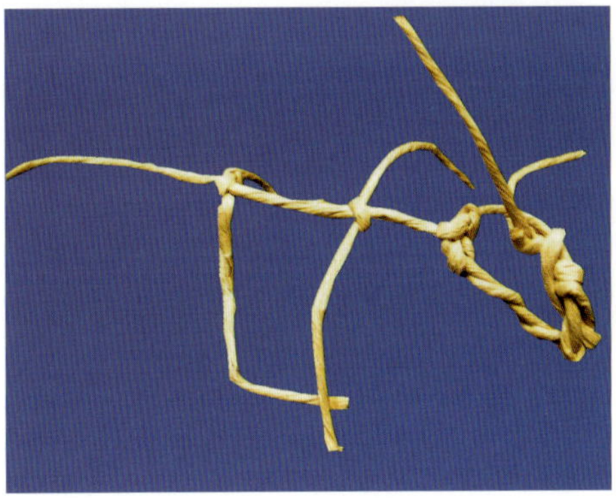

3 몸통과 다리의 뼈대를 만들어주세요.

4 몸통 부분을 친친 감아주세요.

5 귀 모양을 만들어준 후 발가락(앞발 4, 뒷발 5)을 만들어주세요.

6 쥐 완성입니다.

활동 15

콩콩 뛰는 캥거루

캥거루과의 포유동물이에요.
여러 종류가 있는데 토끼만 한 것에서부터 2m나 되는 것까지 있지요.
앞다리는 짧지만 뒷다리는 길고 튼튼해서 두 발로 점프를 잘 하며, 새끼를 낳아 배에 있는 아기주머니에 넣어서 기르지요.
모두 초식성이지만 일부 캥거루는 잡식성이에요.
오스트레일리아와 뉴기니 등의 섬에 주로 살아요.

콩콩 뛰는 캥거루의 특징을 잘 살려 종이끈으로 만들어볼까요?

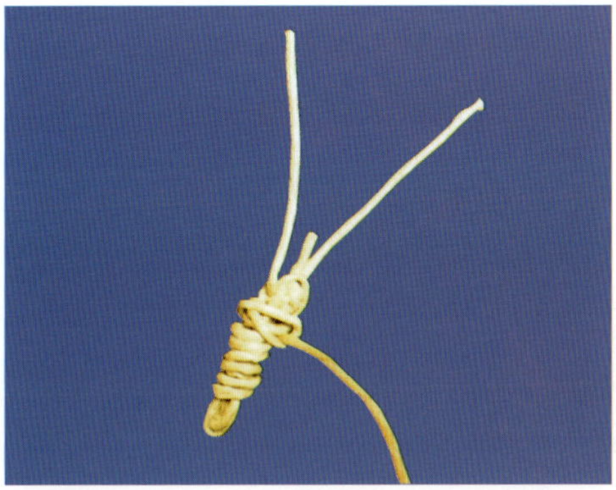

1 캥거루의 머리를 만들어주세요.

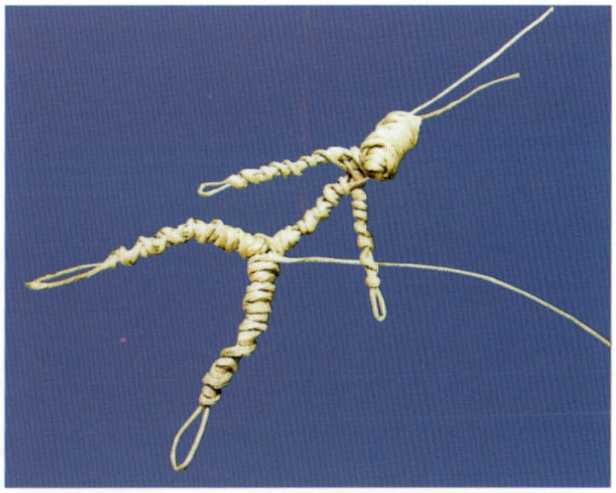

2 몸통과 다리의 뼈대를 만들어주세요.

3 몸통 부분을 친친 감아주세요.

4 꼬리를 두툼하게 만든 뒤 종이끈을 배 쪽으로 이어 펼쳐주세요.

5 배 위에 여러 번 감아 아기주머니를 만들어주세요.

6 캥거루 완성입니다.

역할놀이

얘들아, 우리 달리기 시합할래?
동물들이 달리기 시합을 했어요.
네 마리의 동물들은 서로 일등을 하기 위해 정말 열심히 뛰었지요.
제일 먼저 말이 일등으로 다그닥다그닥 달려오고,
다음으로 토끼가 깡총깡총 뛰어 들어오고
기린이 기다란 목을 쑤욱 내밀었습니다.
마지막으로 캥거루가 껑충껑충 들어왔어요.
우리들은 모두 뛰어난 달리기 선수들이구나!

5. 여러 가지 사물 만들기

- 사람(인형)
- 배
- 공
- 바람개비
- 안경
- 천사
- 모빌
- 바구니

활동 1

내 친구 사람(인형)

알콩달콩 단짝으로 지내며 만날 때마다 환하게 웃으며 인사하는 착한 내 친구를 인형으로 만들어보아요.
주머니에 쏙 들어가는 귀여운 내 친구와 인형놀이도 하고, 소꿉놀이도 하면서 재밌게 놀아보아요.
항상 함께 있는 내 친구는 정말 사랑스럽답니다.

내 친구의 특징을 잘 살려서 종이끈으로 만들어볼까요?

1 둥근 모양으로 계속 매듭 지어 머리를 만들어주세요.

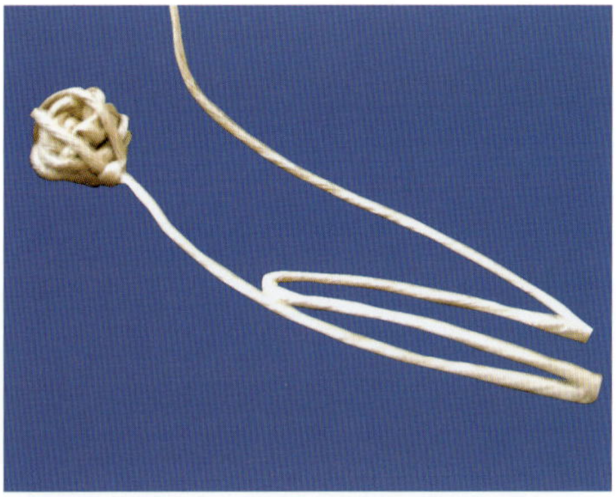

2 두 개의 다리 모양을 만들어주세요.

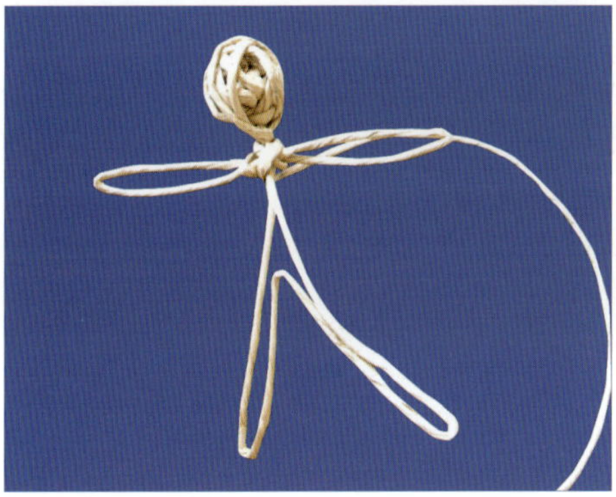

3 팔 모양도 만든 뒤 목 부분과 X자로 교차해 단단히 묶어주세요.

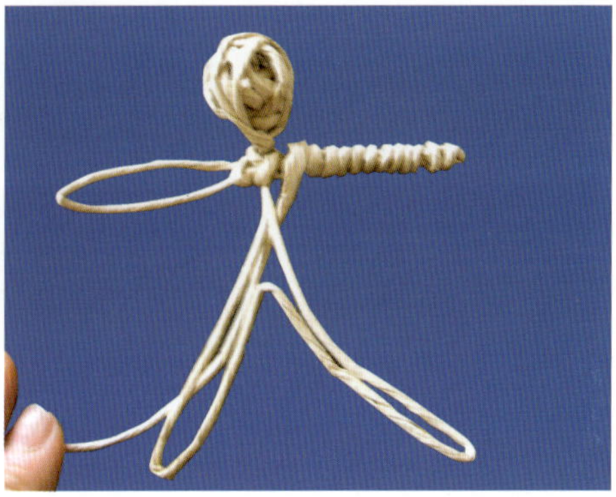

4 팔과 다리, 몸통을 감아주세요.

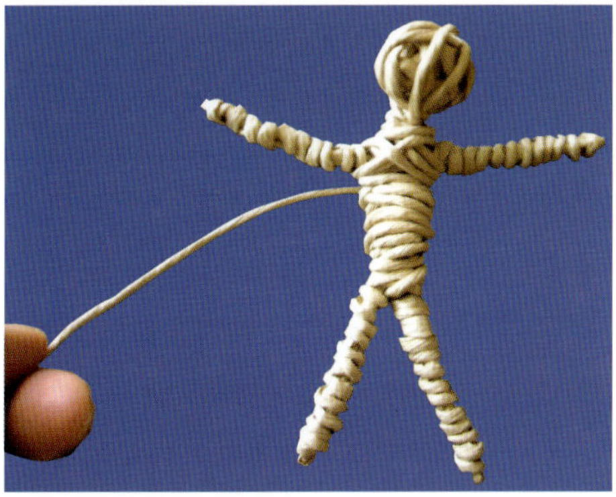

5 다 완성한 후 남는 노끈은 매듭 지어 꼭 묶어주세요.

6 내 친구 사람(인형) 완성입니다.

활동 2

두둥실 배

사람을 태우거나 짐을 싣고 물 위로 두둥실 떠다니며 편리하게 옮겨 주는 멋진 배를 만들어 보아요.
금방이라도 물 위에 띄워 놓으면 두둥실 흘러갈 것 같아요.

두둥실 떠다니는 배의 특징을 잘 살려 종이끈으로 만들어볼까요?

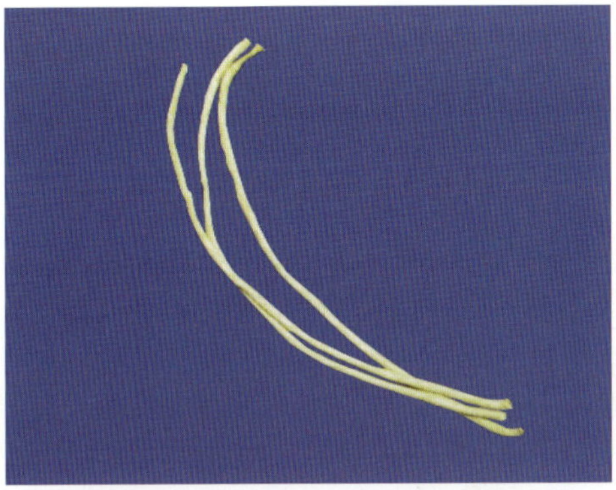

1 일정한 길이의 굵은 종이끈 세 개를 준비해주세요.

2 한 쪽 끝을 모아 묶어준 뒤 종이끈을 넓게 펼쳐서 모아주세요.

3 한 쪽 끝도 묶으면 멋진 나룻배 완성입니다.

활동 3

데굴데굴 공

하늘 높이 던지고, 발로 힘껏 멀리 차고, 마음껏 신나게 놀 수 있는 공을 만들어 보아요.
데굴데굴 데구르르 구르는 공으로 친구들과 신나게 뛰어놀고 싶어요.

데굴데굴 둥근 공의 특징을 잘 살려 종이끈으로 만들어볼까요?

1 매듭을 일정하게 묶어줍니다.

2 계속 겹쳐서 매듭을 묶어줍니다.

3 매듭을 묶어주는 횟수에 따라 다양한 크기의 공을 만들 수 있습니다.

4 데굴데굴 공 완성입니다.

활동 4

팔랑팔랑 바람개비

바람 따라 팔랑팔랑 돌아가는 바람개비를 만들어 보아요.
바람개비를 손에 들고 신나게 뛰어가면 몸과 마음이 바람을 따라 팔랑팔랑 날아갈 것 같아요.

팔랑팔랑 바람개비의 특징을 잘 살려 종이끈으로 만들어볼까요?

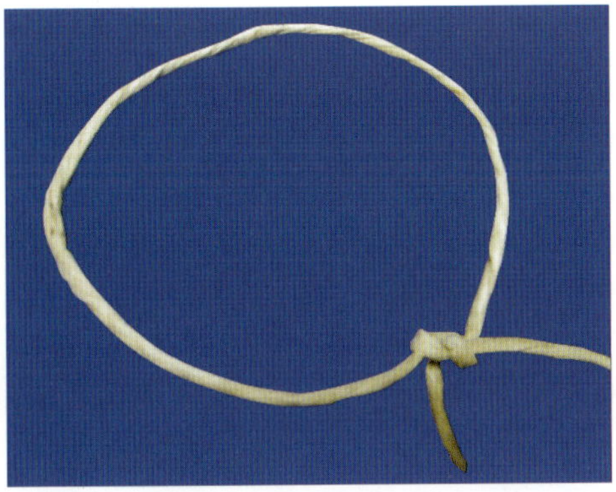

1 굵은 종이끈으로 둥근 원을 만들고 끝을 매듭 지어줍니다.

2 원을 따라 종이끈을 친친 감아줍니다.

3 감긴 종이끈 사이로 반을 접은 긴 종이끈을 넣어 고정시킵니다.

4 긴 종이끈을 넓게 펼쳐주세요.

5 팔랑팔랑 바람개비 완성입니다.

활동 5

동그라미 안경

동그라미 안경을 쓰면 모든 것이 뚜렷하게 잘 보여요.
또 다른 내 눈이 되어주는, 아주 소중한 멋쟁이 친구랍니다.

동그라미 안경의 특징을 잘 살려 종이끈으로 만들어볼까요?

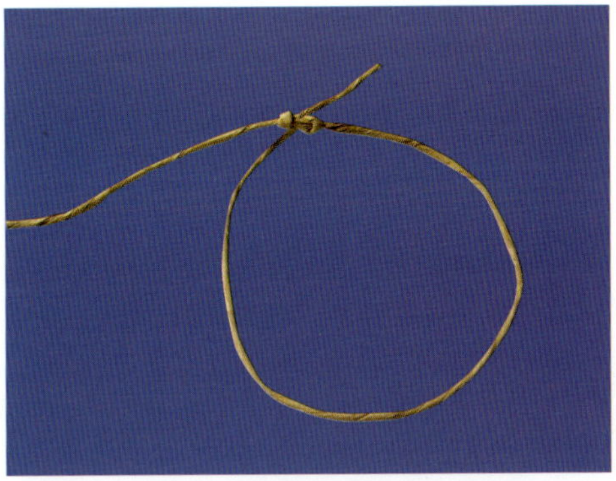

1 한 쪽 끝을 동그랗게 말아서 묶어 주세요.

2 일정한 여유를 두고 다른 쪽 끝도 동그랗게 묶어주세요. 남는 부분은 가위로 예쁘게 다듬어주세요.

3 두 원의 중간에 끈을 묶어서 고정대를 만들어주세요.

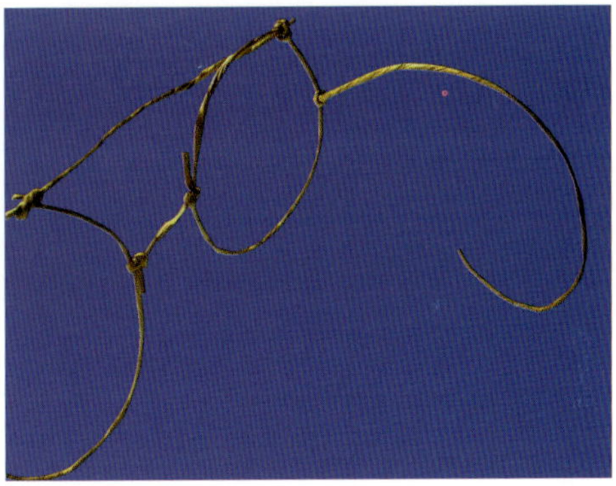

4 안경의 한 쪽 끝에 끈을 묶어 안경다리를 만들어주세요. 끝은 귀에 걸칠 수 있도록 동그랗게 구부려주세요.

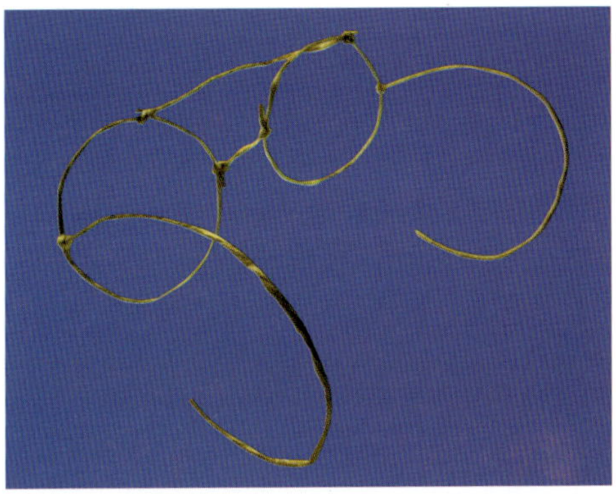

5 다른 쪽 안경다리도 완성해주세요.

6 안경 완성입니다.

활동 6

내 마음속 천사

하얀 두 날개를 펄럭이며 훨훨 날아오르는 아름다운 천사를 마음속으로 그려보아요. 친구를 도와주었을 때, 또는 거짓말을 하고 싶은 마음을 이겨내고 정직하게 이야기했을 때에는, 내 마음속 하얀 천사가 엄마를 닮은 푸근한 미소로 웃고 있는 것 같아요.

내 마음속 천사의 특징을 잘 살려 종이끈으로 만들어볼까요?

1 인형을 만들어주세요. (p. 118, 사람-인형 만들기 참고)

2 머리 위의 흰 원을 만들어주세요.

3 흰색 종이끈을 펼친 후 옷 모양으로 오려주세요.

4 흰색 종이끈을 오려서 날개도 만들어 주세요.

5 인형에게 옷과 날개를 붙여주세요.

6 천사 완성입니다.

활동 7

환상적인 모빌

천장에 대롱대롱 달아 놓으면 환상적인 모빌.
내 손으로 직접 만들어서 그런지 더욱 멋있어 보여요.
빙글빙글 돌아가는 모빌을 보고 있으면 하나도 심심하지 않지요.

환상적인 모빌을 종이끈으로 만들어볼까요?

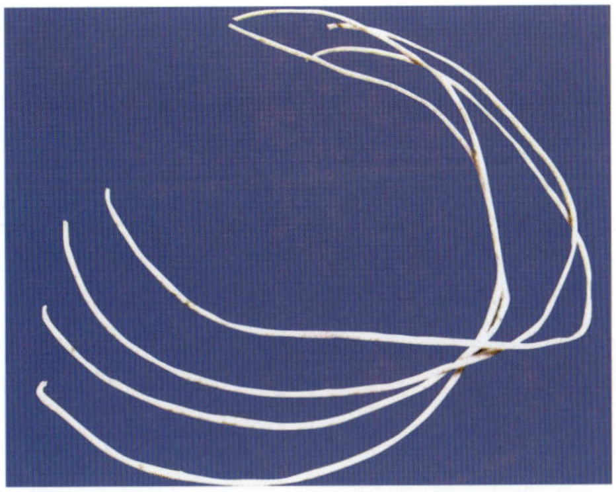

1 네 개의 종이끈을 준비해주세요.

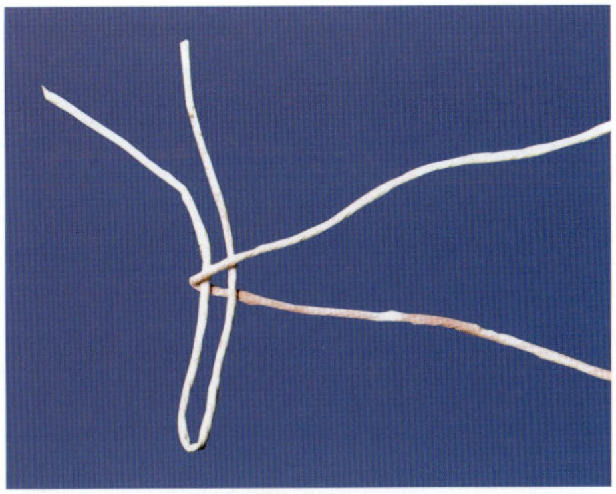

2 각각의 종이끈을 반으로 구부려 서로 엮어줍니다.

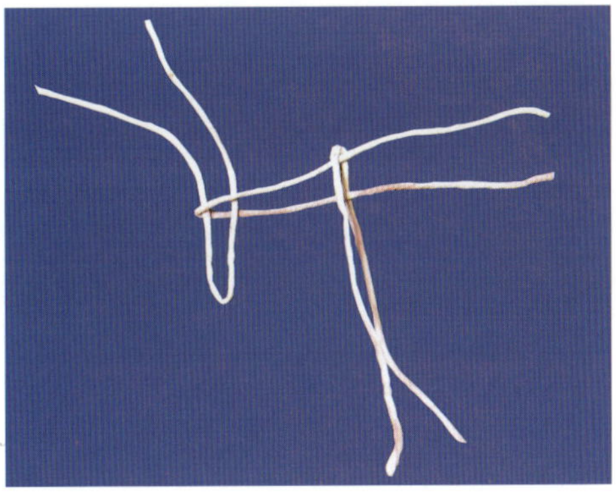

3

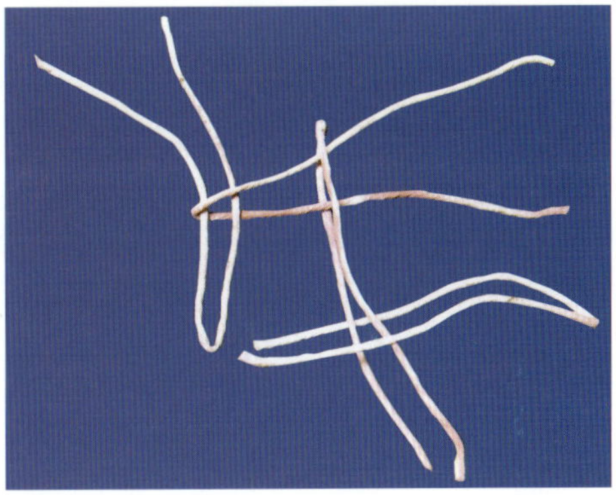

4

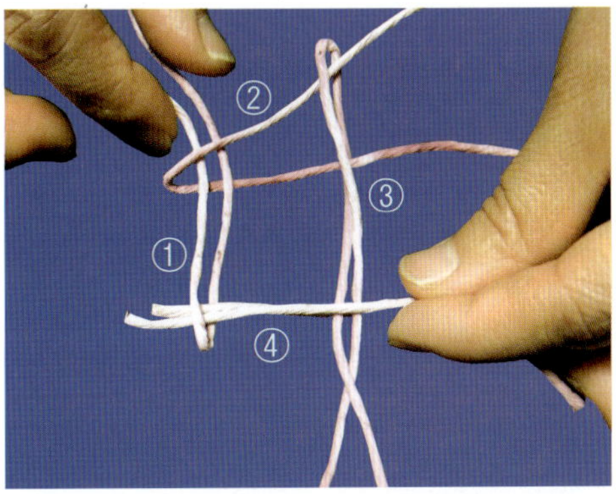

5 마지막 ④번 종이끈은 ③번 종이끈에 걸친 뒤 ①번 종이끈 사이로 넣어줍니다.

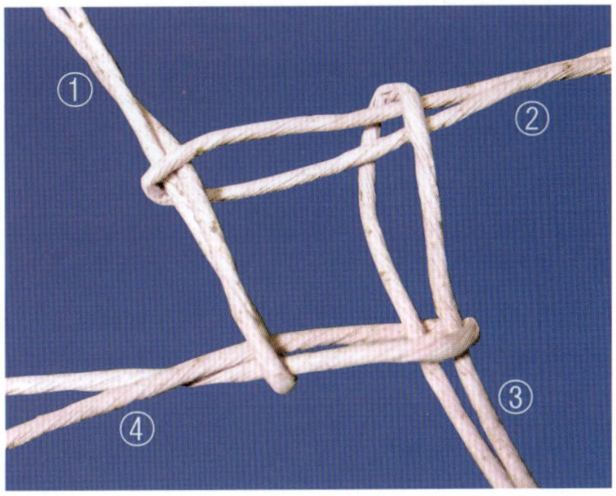

6

7 네 개의 종이끈 가닥을 각각의 방향으로 당겨주세요.

8 네 개의 종이끈 중의 한 가닥을 당겨 빼주세요.

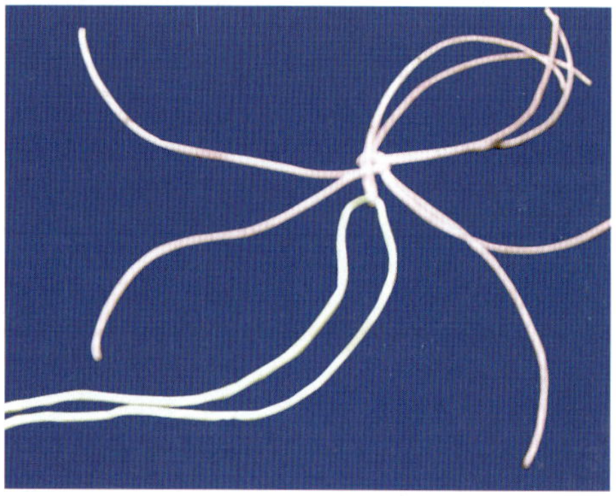

9 2m 정도의 긴 종이끈을 반으로 접어 빼낸 가닥 사이에 걸쳐주세요.

10 다시 각 방향으로 바짝 당겨주세요.

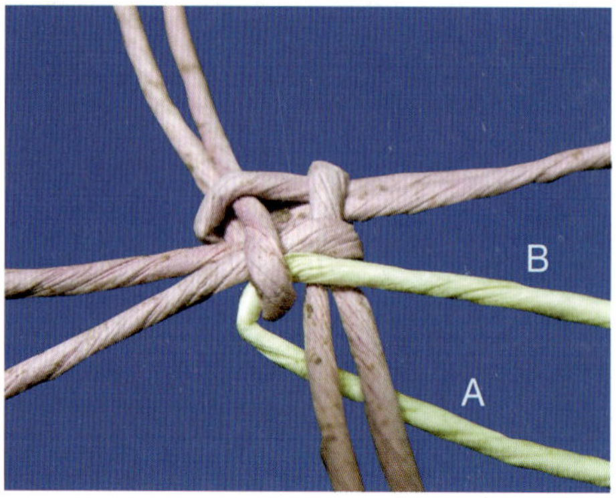

11 긴 종이끈의 아래 쪽 가닥(A)은 다음 종이끈의 밑으로, 위 쪽 가닥(B)은 다음 지끈의 위로 올려주세요.

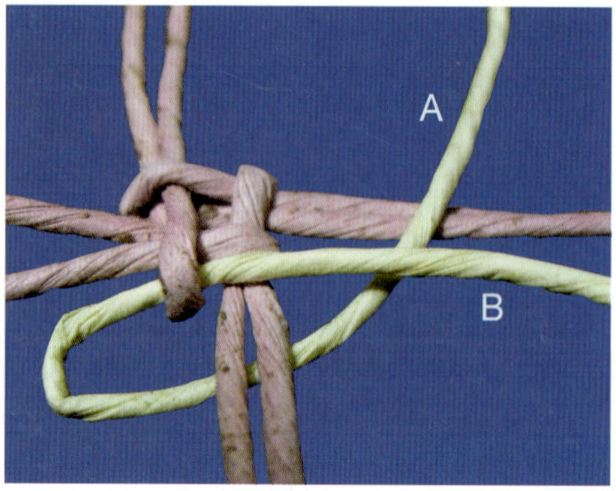

12 A를 위로 올려주세요.

13 A를 앞으로 당겨 빼주세요.

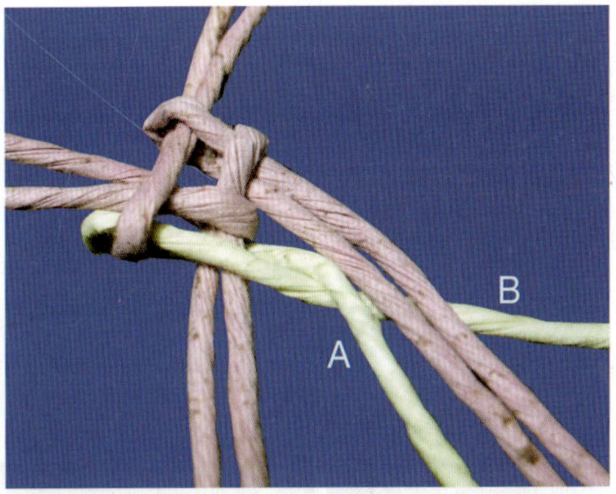

14 다음 가닥을 B 위에 올려주세요.

15 A로 덮어주세요.

16 다음 가닥도 똑같은 방법으로 엮어 주세요.

17

18 네 바퀴를 돌리고 난 뒤 8개의 기본 끈을 하나씩 넣기 시작합니다.

19 똑같은 방법으로 계속 엮어주세요.

20 일정한 크기가 되면 끝을 가위로 잘라주세요.

21 두 끈이 서로 엇갈리게 한 바퀴 돌린 뒤 매듭을 지어주세요.

22 매듭 지은 끈을 앞뒤로 집어넣어 고정시켜주세요.

23 8개의 기본 끈을 일정한 크기로 잘라주세요.

24 끝을 펼쳐 모양을 내주면 완성입니다.

◇ 다양한 모빌을 만들어 볼 수 있어요.

◇ 끝을 리본 모양으로 예쁘게 묶어보아도 좋고요.

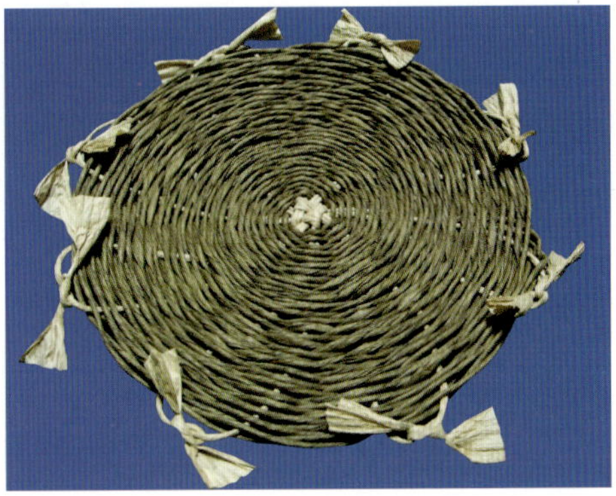

◆ 종이컵을 이용한 모빌도 만들어 볼 수 있지요.

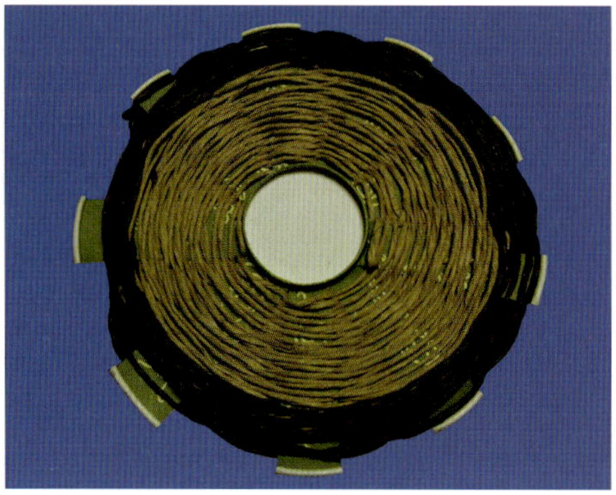

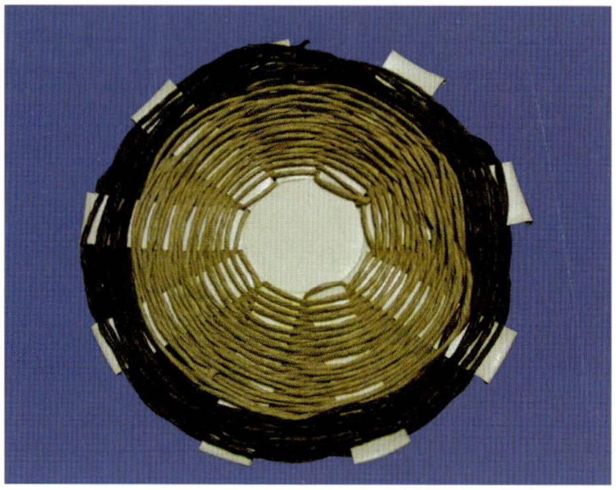

◆ 목걸이 끈을 걸고 귀여운 아이 사진을 붙이면 훌륭한 벽걸이 모빌이 됩니다.

활동 8

튼튼한 바구니

엄마가 시장에 가실 때 들고 가는 바구니.

튼튼한 바구니에 맛있는 간식도 담고 예쁜 꽃도 담고 재밌는 장난감도 담고 모든 걸 바구니에 담으면 들고 다니기 참 편해요.

바구니를 종이끈으로 만들어볼까요?

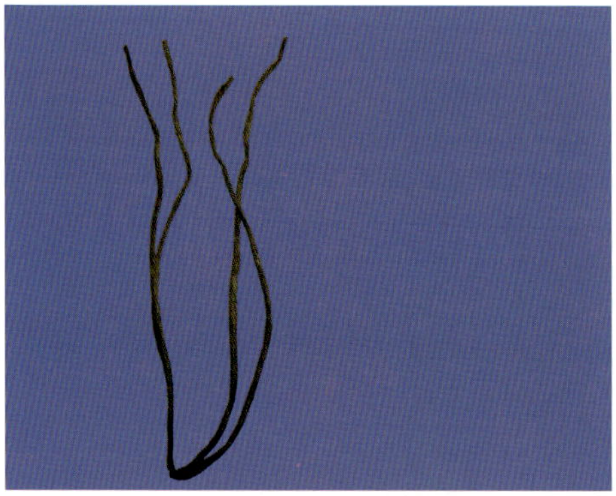

1 종이끈 8개를 준비해 각각 2개씩 반으로 접습니다(끈의 개수가 모빌의 두 배이며, 모빌과 만드는 방법은 같습니다).

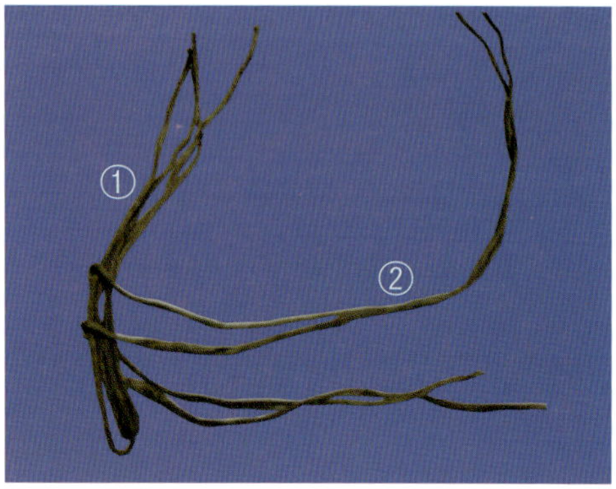

2 ②번 끈으로 ①번 끈의 허리를 감아줍니다(바구니의 손잡이도 만들 경우에 긴 끈을 마련해 사진처럼 길게 뽑아둡니다).

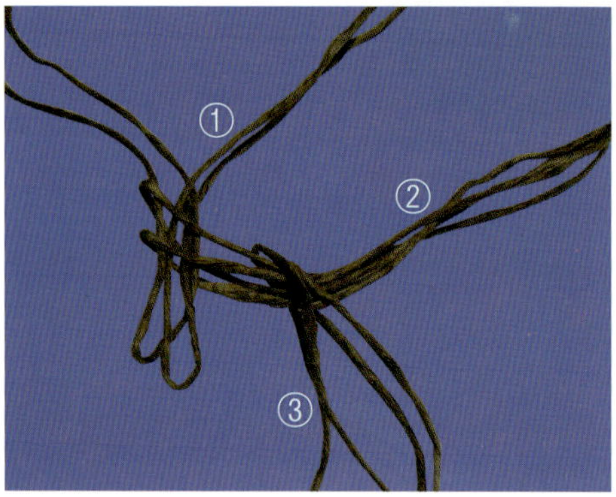

3 ③번 끈은 ②번 끈의 허리를 감아줍니다.

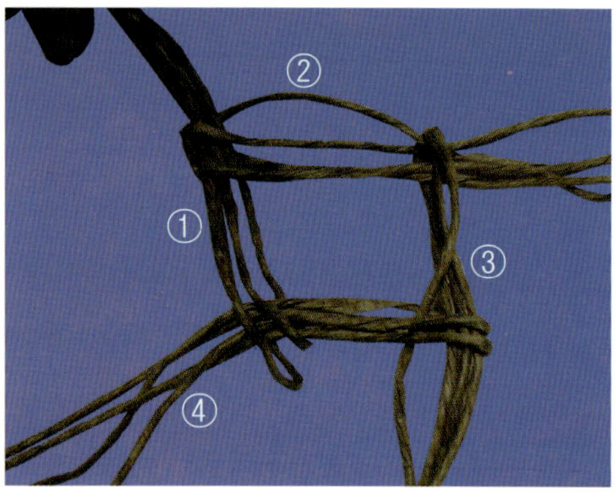

4 ④번 끈은 ③번 끈의 허리를 감은 뒤 ①번 끈의 사이로 넣어줍니다.

5 각 방향으로 당겨줍니다. 그 뒤의 방법은 모빌과 같습니다.

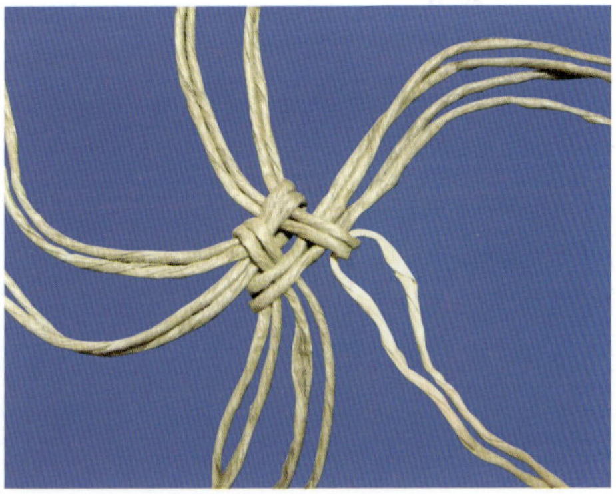

6

7

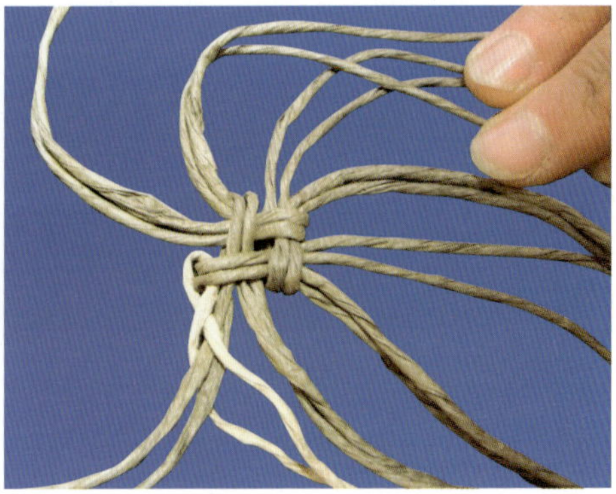

8

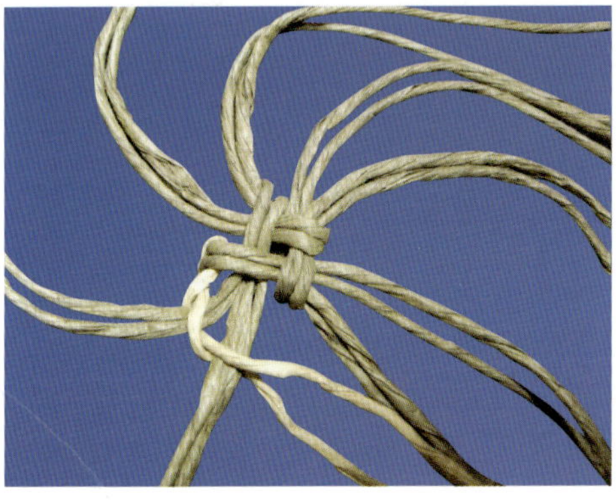

9

10

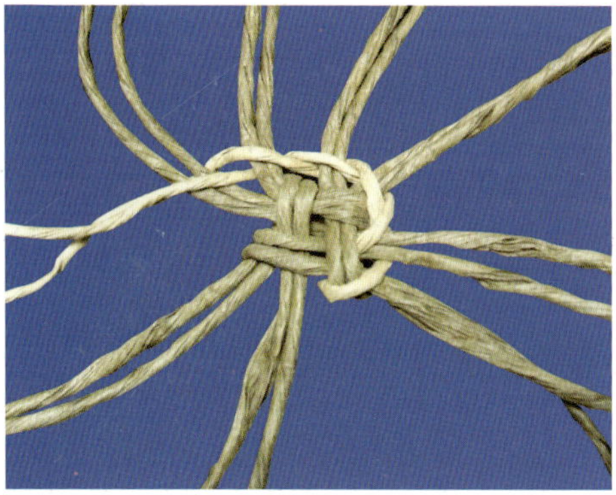

11

12

13 일정한 크기가 될 때까지 감아줍니다.

14 바구니 모양으로 세우기 위해 끈을 전부 위로 세워주면서 감아줍니다.

15 끈을 너무 세게 잡아당기면 둘레가 좁아지므로 일정한 힘을 유지하며 감아줍니다.

16 바구니 모양이 완성되고 마무리를 할 때에는 긴 두 끈을 한 바퀴 꼬아 준 뒤,

17 각각 앞, 뒤 쪽으로 집어넣어줍니다.

18 고정시킨 모습입니다.

19 8개의 기본 끈을 매듭 지을 때에는 한 바퀴씩 꼬아준 뒤,

20 앞, 뒤 쪽으로 집어넣어줍니다.

21 바구니 완성입니다.

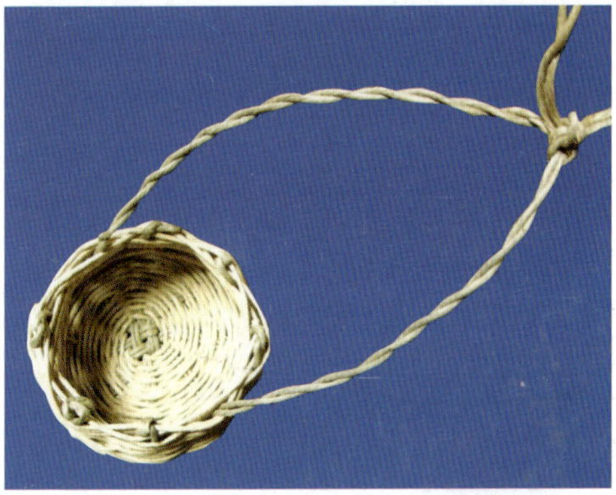

22 바구니 손잡이는 꼬아서 튼튼하게 묶어주면 됩니다.

◆ 다양한 모양의 바구니를 만들어 볼 수 있어요.

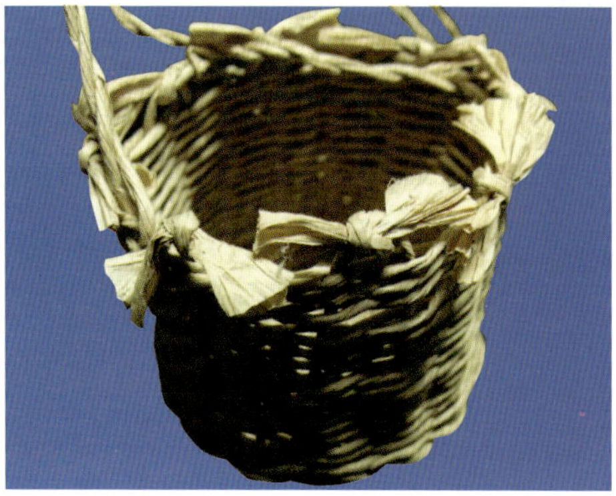

◆ 커다란 리본을 묶어서 포인트를 주어도 되고요.

◆ 허리를 불룩하게 만들어 항아리 모양의 바구니를 만들 수도 있지요.

◆ 넓적한 모양의 바구니도 만들 수 있습니다.

◆ 재밌는 토기 모양의 바구니도 만들고요.

◆ 와인을 꽂아두거나 마른 꽃을 꽂아두어도 좋습니다.

◇ 산책할 때 들꽃이나 나무 열매를 담아도 좋습니다.

◇ 멋진 모자를 만들어 볼 수도 있답니다.

◆ 해바라기 모빌을 나뭇가지에 매달아 실내를 장식하면 멋진 조형물이 됩니다.

◇ 종이끈을 공처럼 동그랗게 말아 나뭇가지에 매달아 실내를 장식해도 좋습니다.

역할놀이

지끈이는 고기를 잡기 위해 배를 타고 바다로 나갔습니다.
한참 고기를 잡다가 길을 잃었어요.
따가운 햇빛은 쨍쨍 내리쬐고 있었고, 배에는 먹을 것이 아무 것도 없었어요.
지끈이는 겁이 났습니다.
그래서 지끈이는 하늘에 있는 천사님께 기도를 했지요.
"천사님, 천사님, 도와주세요. 제가 길을 잃었답니다."
그러자 천사님이 나타나 말했지요.
"지끈아, 바람을 후 불어 너의 배를 집으로 돌려보내줄게."
지끈이는 천사님의 도움으로 무사히 집에 돌아갈 수 있었습니다.

Chapter 5

종이끈 자연 염색하기

1. 우리, 종이끈에 예쁜 색을 물들여 보자!

- 치자
- 비트
- 검은콩
- 홍화
- 커피
- 포도
- 시금치
- 양파껍질

활동 1

치자

납작하고 동그란 치자의 열매를 따서 말린 것이에요.
어두운 적색이나 흑갈색을 띠고, 속에는 콩팥 모양의 씨가 한두 개 들어 있지요.
땀이 많거나 혈압이 높은 사람에게 좋아 약재로도 쓰이고 있답니다.

치자로 예쁜 색을 물들여 볼까요?

1 치자를 하루 정도 물에 담가 우려냅니다.

2 우린 물을 끓이면서 소금을 약간 넣어줍니다. (소금은 염색이 잘 되도록 촉매작용을 합니다.)

3 끓기 시작한 뒤 3분쯤 지나면 불을 끄고 치자를 건져낸 뒤 종이끈을 넣어줍니다.

4 색이 물들 때까지 푹 담근 뒤 꺼내서 그늘에 말려줍니다. (종이끈을 너무 오래 담가두면 종이가루로 풀어질 수 있으니 주의하세요.)

5 샛노란 개나리 색깔이 나옵니다.

활동 2

비트

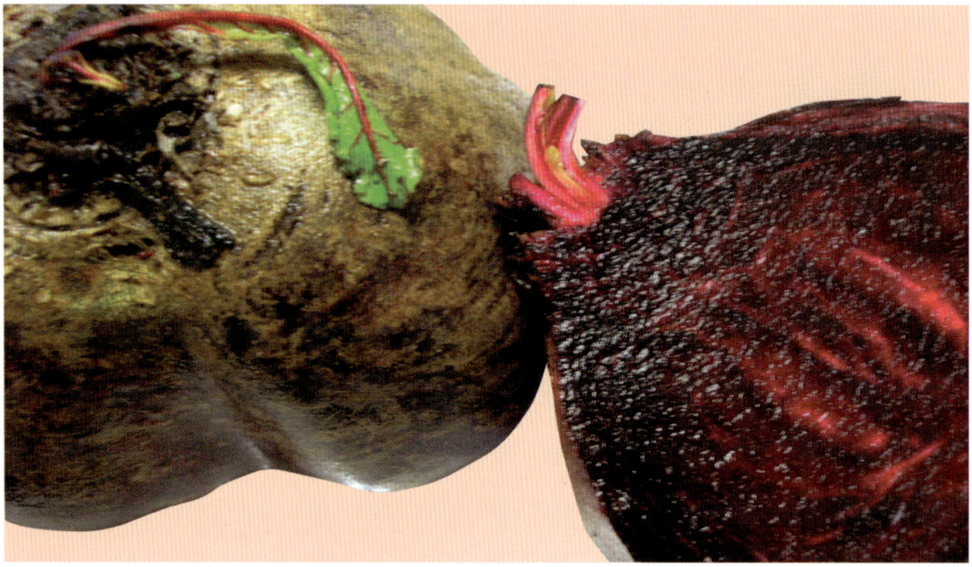

유럽 남부에서 자라는 식물이에요.
잎은 약간 붉은 빛을 띤 녹색이고 뿌리는 삶으면 단맛이 나서 사탕무라고도 하지요.
재배하기 쉽고 풀 전체를 음식으로 만들어 먹을 수 있어서 외국에서 인기가 많아요.
특히 샐러드로 많이 먹지요.

비트로 예쁜 색을 물들여 볼까요?

1 비트를 깨끗이 씻은 뒤 강판에 갈아줍니다.

2 강판에 간 즙을 체에 걸러낸 뒤 소금을 넣고 종이끈을 넣어줍니다.

3 충분히 색이 물들 때까지 푹 담근 뒤 꺼내서 그늘에 말려줍니다.

4 매혹적인 진한 자주색이 나옵니다.

5 좀 더 연한 자주색을 원하면 즙에 물을 약간 넣어 희석시켜주면 됩니다.

활동 3

검은콩

껍질이 검은 빛을 띠는 콩으로 콩밥이나 콩자반에서 많이 볼 수 있지요.
일반 콩과 비교하여 노화방지 성분이 많고
성인병 예방과 다이어트에 효과가 있어서 건강식품으로 사랑받고 있습니다.

검은콩으로 예쁜 색을 물들여 볼까요?

1 검은콩을 깨끗이 씻은 뒤 물을 넣고 끓입니다.

2 물을 끓이면서 소금을 약간 넣어줍니다.

3 충분히 끓기 시작한 뒤 3분쯤 지나면 불을 끄고 콩을 건져낸 뒤 종이끈을 넣어줍니다.

4 충분히 색이 물들 때까지 푹 담근 뒤 꺼내서 그늘에 말려줍니다.

5 검푸른 바다 색깔이 나옵니다.

활동 4

홍화

국화과 식물로 7~8월에 붉은 빛이 도는 노란색 꽃이 피는데,
이른 아침 이슬에 젖은 이 꽃을 따서 말린 것을 홍화라고 합니다.
한약 재료로도 쓰이고 열매로 기름을 짜서 쓰기도 하지요.
천과 종이 염색도 하고, 연지도 만들고,
이집트 미라에 감은 천도 이것으로 염색하였지요.

홍화로 예쁜 색을 물들여 볼까요?

1 홍화를 서너 번 물에 담가 우려낸 뒤 다시 한 시간 정도 푹 담가 우려냅니다. 홍화는 여러 번 우려내야 진한 색깔이 우러나오기 시작한답니다.

2 우린 물을 체에 걸러낸 뒤 끓이면서 소금을 약간 넣어줍니다.

3 끓기 시작한 뒤 3분쯤 지나면 불을 끄고 종이끈을 넣어줍니다.

4 충분히 색이 물들 때까지 푹 담근 뒤 꺼내서 그늘에 말려줍니다.

5 붉은 빛을 띤 강렬한 노란색이 나옵니다. 시간을 충분히 더 들일수록 노을 속으로 사라지는 붉은 태양빛이 나오지요.

활동 5

커피

커피나무 열매의 씨를 볶은 것을 원두커피라고 하지요.

이 원두를 가루로 갈아서 커피음료를 만들지요.

쓴맛, 신맛, 단맛, 떫은 맛 등 맛도 다양하고 독특한 향을 지녀 오늘날 대중적인 음료로 사랑받고 있어요.

브라질, 에티오피아 등지에서 많이 생산됩니다.

커피로 예쁜 색을 물들여 볼까요?

1 원두커피를 갈아서 가루를 냅니다.

2 커피가루를 물에 넣고 끓이면서 소금을 약간 넣어줍니다.

3 끓기 시작한 뒤 3분쯤 지나면 불을 끄고 체에 걸러낸 뒤 종이끈을 넣어줍니다.

4 충분히 색이 물들 때까지 푹 담근 뒤 꺼내서 그늘에 말려줍니다.

5 가을을 닮은 연한 갈색이 나옵니다.

활동 6

포도

포도나무의 열매로 세계에서 나는 과일 중 제일 많이 재배되지요.
당분이 많이 들어 있어서 피로회복에 좋고 비타민이 풍부해서
신진대사를 원활히 해줘요.
과일로 먹기도 하고 포도잼, 포도주 등으로도 만들어 먹어요.

포도로 예쁜 색을 물들여 볼까요?

1 포도를 깨끗이 씻어서 으깬 뒤 체에 걸러냅니다.

2 걸러낸 포도즙을 끓이면서 소금을 약간 넣어줍니다.

3 끓기 시작한 뒤 3분쯤 지나면 불을 끄고 체에 걸러낸 뒤 종이끈을 넣어줍니다.

4 충분히 색이 물들 때까지 푹 담근 뒤 꺼내서 그늘에 말려줍니다.

5 아름다운 진분홍 진달래 색깔이 나옵니다.

건강식품으로 많이 먹는 포도즙으로도 염색을 해 볼 수 있어요.
포도즙으로 예쁜 색을 물들여 볼까요?

1 포도엑기스를 끓이면서 소금을 약간 넣어줍니다.

2 끓기 시작한 뒤 3분쯤 지나면 불을 끄고 종이끈을 넣어줍니다.

3 충분히 색이 물들 때까지 푹 담근 뒤 꺼내서 그늘에 말려줍니다.

4 햇살을 담은 포도주색이 나옵니다.

활동 7

시금치

명아주과의 1~2년초로 아시아 서남부에서 많이 자라납니다.
철과 비타민이 아주 풍부해서 몸에 좋아요.
만화 주인공 뽀빠이가 시금치를 먹고 튼튼해져서 유명해지기도 했지요.
주로 데쳐서 나물을 무쳐 먹거나 토장국을 끓여 먹어요.

시금치로 예쁜 색을 물들여 볼까요?

1 시금치를 깨끗이 씻은 뒤 믹서기에 약간의 물과 함께 넣고 갈아줍니다.

2 믹서기에 간 시금치를 체에 걸러낸 뒤 종이끈을 넣어줍니다.

3 충분히 색이 물들 때까지 푹 담근 뒤 꺼내서 그늘에 말려줍니다.

4 싱그러운 초록색이 나옵니다.

활동 8

양파껍질

백합과 식물로 서아시아와 지중해 연안에서 많이 자라나지요.
우리가 일반적으로 양파라고 부르는 비늘줄기를 주로 요리해서 먹는데 단맛과 매운 맛이 나고 독특한 냄새가 나지요.
샐러드나 수프, 고기 요리, 향신료 등으로 이용된답니다.
껍질은 염색 재료로도 많이 쓰입니다.

양파껍질로 예쁜 색을 물들여 볼까요?

1 주홍색 양파껍질을 모아 깨끗이 씻어줍니다.

2 약간의 물과 소금을 넣고 10분 정도 끓인 뒤 종이끈을 넣어줍니다.

3 충분히 색이 물들 때까지 푹 담근 뒤 꺼내서 그늘에 말려줍니다.

4 눈이 부신 황금색이 나옵니다.

Chapter 6

종이끈 놀이의 구성

1. 우리, 종이끈으로 멋지게 꾸며보자!

- 봄
- 여름
- 가을
- 겨울

활동 1

봄

따뜻한 봄이 왔어요.

겨울잠에서 깨어나 꿈틀대는 땅 위로 초록 새싹이 쏙 고개를 내밀구요.

별님을 닮은 노오란 개나리가 나비를 손짓하며 불러요.

진달래꽃도 함박웃음을 지으며 봄을 노래합니다.

활동 2

여름

싱그러운 여름이에요.

솔솔솔 부는 바람을 따라 한 아이가 팔랑거리는 바람개비를 들고 들판을 달려요.

시원한 나무 그늘 아래에서 맴맴맴 매미는 신나게 노래를 하지요.

이에 질세라 개굴개굴 개구리도 목청껏 노래를 불러요.

활동 3

가을

풍성한 가을이 왔어요.
따사로운 가을 햇볕 아래 토실토실 잘 익은 꽃사과는
수줍은 듯 볼이 발그레 물들었구요.
높은 가을 하늘의 잠자리는 하늘거리는 코스모스와 정답게 이야기를 나누고 있네요.
들판에서는 황금물결이 일렁이고 있어요.

활동 4

겨울

온 세상이 하얗게 변하는 겨울이 왔어요.
포근한 땅 속에서는 개구리와 뱀이 쿨쿨 잠을 자고 있고요.
땅 위 세상에서는 펄펄 내리는 눈을 보며 눈사람이 환하게 웃지요.
들판에서 토끼들이 깡충깡충 뛰어다니며 신나게 놀고 있어요.

Chapter 7

종이끈으로 만드는 동화

1. 끄니의 숲 속 나들이

끄니가 숲 속 나들이를 갑니다.
엄마 심부름으로 숲 건너편에 살고 계시는 할머니께
지끈을 갖다 드리기 위해서입니다.

정말 화창한 날씨네요.
룰루랄랄라 룰루랄랄라
끄니는 폴짝폴짝 신나게 뛰어갑니다.

어머나!
바구니에서 지끈뭉치가 툭 떨어져 또르르르 굴러가네요.
끄니는 아무 것도 모른 채 콧노래를 부르며 계속 뛰어갑니다.

숲을 지나 할머니 댁에 다다랐을 무렵,
끄니는 비로소 텅 빈 바구니를 발견하네요.

어머나! 지끈뭉치가 어디로 도망갔지?

끄니는 지끈뭉치를 찾으러 되돌아갑니다.

끄니는 첫 번째로 잎이 넓적한 플라타너스 나무를 만났어요.

플라타너스 나무 아저씨!
제 지끈뭉치를 보셨나요?

아니 아니,
커다란 잎사귀가 내 눈을 가려 지끈뭉치를 보지 못했단다.

끄니는 플라타너스 나무에게 고맙다고 인사하고
지끈뭉치를 찾으러 갑니다.

끄니는 두 번째로 잎이 날씬한 참나무를 만났어요.

참나무 아줌마!
제 지끈뭉치를 보셨나요?

아니 아니,
날씬한 잎들 사이로 비친 햇살에 눈이 부셔
지끈뭉치를 보지 못했단다.

끄니는 참나무에게 고맙다고 인사하고
지끈뭉치를 찾으러 갑니다.

끄니는 세 번째로 잎이 노랗게 빛나는 은행나무를 만났어요.

은행나무 아가씨!
제 지끈뭉치를 보셨나요?

아니 아니,
노란 나뭇잎들이 나풀나풀 떨어지는 것을 바라보느라
지끈뭉치를 보지 못했단다.

끄니는 은행나무에게 고맙다고 인사하고
지끈뭉치를 찾으러 갑니다.

끄니는 네 번째로 잎이 뾰족한 소나무를 만났어요.

소나무 할아버지!
제 지끈뭉치를 보셨나요?

응, 방금 내 발 밑에 뭔가가 툭 부딪혔지.
간질간질 내 발을 간질이는 저것이
네가 찾던 지끈뭉치니?

끄니는 소나무 할아버지의 밑둥치를 살펴보았어요.
거기에는 뾰족한 나뭇잎들 사이로
지끈뭉치가 삐죽이 고개를 내밀고 있었지요.

와, 내가 찾던 지끈뭉치가 여기에 있었네?

끄니는 지끈뭉치를 집어 들어 바구니에 쏘옥 담았어요.

소나무 할아버지, 제 지끈뭉치를 찾아주셔서 고마워요!

끄니는 소나무에게 고맙다고 인사하고
할머니댁으로 향합니다.

지끈뭉치를 다시 찾은
끄니의 발걸음은 날아갈 듯 가볍답니다.

참고문헌

국립민속박물관(2004). 나무와 종이: 한국의 전통공예. 서울: 국립민속박물관.

권영순(1999). 한지그림공예. 서울: 전통을 이어가는 사람들.

이승철(2002). 우리가 정말 알아야 할 우리 한지. 서울: 현암사.

임재택(2007). 생태유아개론. 경기: 양서원.

두산동아 편집부. 두산동아세계대백과사전. 서울: 두산동아.

네이버(http://naver.com)

류 미 희

류미희 선생님은 서울 한복판 연희동에서 어린 시절을 보냈어요.
동네 아이들과 신나게 뛰어 노는 데 제일 앞장서곤 했던 골목대장이었지요.
아카시아가 활짝 핀 연희궁을 놀이터로 삼아 장수하늘소와 친구도 하고 참외밭도 뛰어다니며 놀았답니다.
때론 아파트 옥상에 누워 별이 반짝반짝한 밤하늘을 바라보기도 했던 씩씩하고 꿈 많은 소녀는, 지금도 아이들과 신나게 어울려 노는 것을 제일 좋아하는 선생님이 되었답니다.
아이들을 좀 더 마음 깊이 이해하기 위해 경북대학교 대학원에서 교육심리학을 전공했구요, 대구과학대 유아교육과에서 예비 유치원 선생님들을 가르치는 겸임교수로 재직 중이랍니다. 대구 무궁화 유치원에서 아이들과 함께 텃밭을 가꾸는 멋진 원장님이기도 하지요.

생태 종이끈 놀이

초판 1쇄 인쇄 2008년 7월 15일
초판 1쇄 발행 2008년 7월 22일

지은이 | 류미희
펴낸이 | 황호철
펴낸곳 | 도서출판 파란마음
140-111 서울시 용산구 원효로1가 43-9
전화 (02) 3275-2110~1
팩스 (02) 3275-2199
등 록 | 2006년 4월 24일 · 제302-2006-00024호

ISBN 978-89-92546-27-0 93370

값 12,000원